ROBERT DOUCET

Doit-on aller au Tonkin?

Réponses à l'enquête du Comité Dupleix sur l'Emigration aux Colonies

ÉDITION DU COMITÉ DUPLEIX
26, Rue de Grammont
PARIS
—
1907

Édition du Comité Dupleix

———

Doit-on aller aux Colonies? par Robert Doucet: 1 vol. in-8°. Prix: 4 francs.

ROBERT DOUCET

Doit-on aller au Tonkin?

Réponses à l'enquête du Comité Dupleix sur
l'Emigration aux Colonies

ÉDITION DU COMITÉ DUPLEIX
26, Rue de Grammont
PARIS

1907

Doit-on aller au Tonkin?

INTRODUCTION

Lorsque nous avons publié sous le titre : *Doit-on aller aux Colonies ?* les résultats de l'enquête organisée par le *Comité Dupleix* sur le problème de l'émigration dans les possessions françaises, il y avait un an que nous avions expédié notre questionnaire dans les différentes colonies, et les dernières réponses reçues dataient de deux ou trois mois. Nous n'espérions donc plus recevoir de renseignements nouveaux et nous croyions notre enquête définitivement close, quand un récent courrier d'Indo-Chine nous a apporté un volumineux dossier que nous adressait M. Fourès, résident supérieur au Tonkin.

Comme M. Augagneur, gouverneur général de Madagascar, M. le résident supérieur Fourès, a pris le soin d'envoyer notre questionnaire à MM. les Maires d'Hanoï et d'Haïphong, aux résidents chefs de province et aux commandants des territoires militaires. Ces fonctionnaires ont tous donné les détails les plus précis sur les ressources offertes par leurs circonscriptions aux points de vue agricole, commercial, industriel, etc.

Nous exprimions, dans notre ouvrage *Doit-on aller aux Colonies ?* le regret d'avoir peu de détails à publier sur l'Indo-Chine. Grâce à M. Fourès et à ses collaborateurs, nous sommes aujourd'hui en mesure de combler cette lacune, et de mettre à la disposition des futurs colons du Tonkin une sorte de guide extrêmement complet et dans lequel ils trouveront des renseignements qui n'avaient pas encore été réunis sous une forme aussi précise.

Les réponses que nous publions aujourd'hui appellent peu de commentaires. Nous nous contenterons de les reproduire *in-extenso* et nous rappellerons, en manière de conclusion, ce que nous disions de la colonisation européenne en Indo-Chine dans *Doit-on aller aux Colonies ?*

I — Ville d'Hanoï

1° — *Convient-il d'envoyer des émigrants dans votre ville ?* — Non.

2° — *Peut-on y faire de la grande ou de la petite colonisation agricole ?* — Non.

7° — *Serait-il avantageux de fonder des maisons de commerce dans votre ville ?* — Oui.

8° — *Y a-t-il lieu d'y créer des commerces spéciaux pour la vente au détail, et quel serait approximativement le capital nécessaire ?* — Trente mille francs.

9° — *Quelle est l'importance des profits que peut espérer un commerçant ?* — De 12 à 15 0/0.

10° — *Les employés de commerce peuvent-ils trouver des places dans votre ville et à quelles conditions ?* — Difficilement.

11° — *Peut-on trouver dans votre ville des emplois dans l'industrie minière et forestière ?* — Non.

13° — *Y a-t-il place dans votre ville pour des avocats, des professeurs libres, des architectes, des médecins, des pharmaciens, des sage-femmes, des vétérinaires, etc. ?* — Oui.

14° — *L'émigration des capitaux dans votre ville est-elle désirable ?* — Oui.

15° — *Sous quelle forme et à quel objet doivent-ils être employés ?* — Banque, Commerce, Industrie.

16° — *Le prix moyen de la vie dans votre ville est-il inférieur ou supérieur à ce qu'il est en France et dans quelle mesure ?* — Supérieur d'un tiers.

Appréciations personnelles sur ce que les Sociétés de propagande coloniale peuvent faire pour votre colonie :

Engager vivement les personnes sans capitaux à ne pas venir actuellement à Hanoï ; il y a pléthore d'employés.

Engager par contre les personnes munies de capitaux même modestes à venir y tenter le commerce : il y a encore bien des places à prendre.

Surtout conseiller aux capitalistes de ne pas hésiter à apporter leur concours financier le plus large aux entreprises déjà existantes et qui ont donné des preuves de vitalité.

II — Ville d'Haïphong

1° — Convient-il d'envoyer des émigrants dans votre région ?

Non, car la colonie ne convient pas au peuplement et les émigrants ne trouveraient que très difficilement à s'y employer.

2° — Peut-on y faire de la grande ou de la petite colonisation agricole ?

Il peut être fait, dans une certaine mesure, de la colonisation agricole, mais le recrutement de la main-d'œuvre est difficile.

3° — Quel genre de culture convient-il d'y pratiquer ?

Culture du thé, du café, du maïs, de la canne à sucre. produits pouvant donner un bon rendement. La culture des céréales telles que le blé, l'avoine, tentée au Tonkin. n'a donné aucun résultat.

4° — Quelle est l'importance des capitaux dont devra disposer le colon agriculteur ?

Il est difficile de fixer l'importance des capitaux ; toutefois. il n'est guère possible d'entreprendre de la colonisation avec succès, sans avoir une centaine de mille francs.

5° — Quel revenu peut-il espérer obtenir de ces capitaux ?

Tout dépend de la nature des travaux entrepris. de la région où ils sont exécutés.

6° — Trouve-t-on dans votre colonie des emplois agricoles subalternes et dans quelles conditions ? — Non.

7° — Serait-il avantageux de fonder des maisons de commerce dans votre colonie ?

Oui, mais à condition de ne pas s'en tenir au commerce local et de faire de l'exportation et de l'importation.

8° — Y a-t-il lieu d'y créer des commerces spéciaux pour la vente au détail et quel serait approximativement le capital nécessaire ? — Non, la concurrence est trop considérable.

10° — Les employés de commerce peuvent-ils trouver des places dans votre colonie et à quelles conditions?

Oui, la solde de début peut être d'environ 3.000 fr.

11° — Peut-on trouver dans votre colonie des emplois dans l'industrie minière et forestière ? — Non.

13° — Y a-t-il place dans votre colonie pour des avocats, des professeurs libres, des architectes, des médecins, des pharmaciens, des sage-femmes, des vétérinaires, etc. ?

Des médecins, sage-femmes et vétérinaires auraient des chances de réussir.

14° — L'émigration des capitaux dans votre colonie est-elle désirable ? — Oui, à tous les points de vue.

15° — Sous quelle forme et à quel objet doivent-ils être employés ?

Les capitaux peuvent être employés à la grande colonisation, à l'exploitation minière, au commerce d'exportation.

16° — Le prix moyen de la vie dans votre colonie est-il inférieur ou supérieur à ce qu'il est en France et dans quelle mesure ?

Le prix moyen de la vie est sensiblement supérieur à ce qu'il est en France, environ 5 0/0.

Appréciations personnelles :

N'invitez à venir au Tonkin que les personnes de 28 à 40 ans, bien portantes, sans tares, et possédant les capitaux suffisants pour vivre en attendant que leur exploitation donne des résultats suffisants.

Invitez les gens sans ressources à s'abstenir de venir au Tonkin.

III. — Province de Thai-Binh

1° — Convient-il d'envoyer des émigrants dans votre province ?

Il ne faut pas songer à envoyer des émigrants dans la province de Thai-Binh. La population très dense, 475 habitants au kilomètre carré (760.000 habitants environ pour 1.600 kilomètres carrés) ne laisse pas place à la colonisation.

2° — Peut-on y faire de la grande ou de la petite colonisation agricole ? — Ni l'une ni l'autre.

6° — Trouve-t-on dans votre province des emplois agricoles subalternes et dans quelles conditions ? — Aucun.

7° — Serait-il avantageux de fonder des maisons de commerce dans votre province ? — Pour le moment ce n'est pas possible.

8° — Y a-t-il lieu d'y créer des commerces spéciaux pour la vente au détail et quel serait approximativement le capital nécessaire ?

Il y a déjà 3 épiciers chinois ou annamites. La plus importante de ces maisons fait environ 300 piastres d'affaires par mois. Il serait impossible à un européen de vivre dans ces conditions.

11°—Peut-on trouver dans votre province des emplois dans l'industrie minière et forestière ?

Il n'y a ni mines ni forêts dans la province de Thai-Binh.

16° — Le prix moyen de la vie dans votre province est-il inférieur ou supérieur à ce qu'il est en France et dans quelle mesure ?
— Il est certainement supérieur.

IV. — Province de Nam-Dinh

1° — Convient-il d'envoyer des émigrants dans votre province?
— Non.

2° — Peut-on y faire de la grande ou de la petite colonisation agricole ?

La colonisation dans le sens où elle est entendue ici n'est possible ni en Annam ni au Tonkin. Il peut y avoir des chefs d'exploitations agricoles disposant de capitaux plus ou moins considérables, mais l'Européen ne pouvant travailler lui-même, il ne peut y avoir de colons proprement dits.

3° — Quel genre de culture convient-il d'y pratiquer ?

Riz, maïs, coton, jute, cultures maraîchères.

4° — Quelle est l'importance des capitaux dont devra disposer le colon agriculteur ? — Trente mille francs est un minimum.

5° — Quel revenu peut-il espérer obtenir de ces capitaux ?

Un capital n'est pas rémunérateur en ce pays s'il rapporte moins de 10 0/0.

6°—Trouve-t-on dans votre province des emplois agricoles subalternes et dans quelles conditions ?

Ce ne pourraient être que des emplois de surveillants de cultures.

7° — Serait-il avantageux de fonder des maisons de commerce dans votre province ?

Oui, à la condition que les maisons de commerce ne soient pas spécialisées, mais s'occupent d'une façon très générale de tout ce qui peut être importé ou exporté.

8° — Y a-t-il lieu d'y créer des commerces spéciaux pour la vente au détail et quel serait approximativement le capital nécessaire ?
— Non.

10° — Les employés de commerce peuvent-ils trouver des places dans votre province et à quelles conditions ?

Oui, ils peuvent s'adresser pour cela soit, aux commerçants eux-mêmes, soit aux diverses Chambres de commerce existant dans la colonie.

11°—Peut-on trouver dans votre province des emplois dans l'industrie minière et forestière ?

Oui, emplois d'ingénieurs, chefs de chantiers ou surveillants.

12° A quelles conditions peut-on obtenir ces emplois et quels résultats peut-on en attendre ?

Ces conditions et résultats paraissent devoir varier avec chaque cas particulier.

13°—Y a-t-il place dans votre province pour des avocats, des professeurs libres, des architectes, des médecins, des pharmaciens, des sage-femmes, des vétérinaires, etc. ?

Oui, en ce qui concerne les médecins.

14° — L'émigration des capitaux dans votre province est-elle désirable ? — Oui.

15° — Sous quelle forme et à quel objet doivent-ils être employés?

Création d'établissements industriels; entreprises agricoles par exploitation directe ou par métayage.

16° — Le prix moyen de la vie dans votre province est-il inférieur ou supérieur à ce qu'il est en France et dans quelle mesure ? — A peu près égal.

Appréciations personnelles.

Faciliter la formation de sociétés pour l'exploitation des ressources minières de la colonie.

Empêcher l'émigration des Européens n'ayant pas de capitaux suffisants, ou un emploi assuré avant leur départ.

V. — Province de Ninh-Binh

1° — Convient-il d'envoyer des émigrants dans votre province ? — Oui.

2° — Peut-on y faire de la grande ou de la petite colonisation agricole ?

On peut faire dans la province de Ninh-Binh de la petite colonisation agricole. Les terrains disponibles pouvant être donnés en concession sont encore assez étendus et il y aurait place encore pour un certain nombre d'émigrants, cultivant chacun une centaine d'hectares de terre.

3° — Quel genre de culture convient-il d'y pratiquer ?

Les cultures pratiquées dans la province qui paraissent avoir le plus d'avenir sont le café et le thé, qui du reste, sont d'un écoulement facile, le café étant facilement expédié sur le Havre et le thé consommé sur place ou envoyé en France. C'est donc surtout ces deux cultures déjà expérimentées et qui donnent d'excellents résultats que devront tenter les émigrants venant s'installer dans la province de Ninh-Binh. Ce sont ces cultures qui présenteront pour eux le moins d'aléas.

4° — Quelle est l'importance des capitaux dont devra disposer le colon agriculteur ?

Il ne faut pas disposer de moins de 20.000 francs et encore cette somme est-elle un minimum peut-être trop strict, car le café ne donne pas de produits avant la 3ᵉ année. Le planteur doit donc pouvoir vivre en attendant les premières récoltes, entretenir ses plantations et payer ses ouvriers.

5° — Quel revenu peut-il espérer obtenir de ces capitaux ?

Le café et le thé rémunèrent le capital employé à ces cultures de dix pour cent par an, au minimum, sauf dans les premières années où la récolte est un peu faible en raison de la jeunesse des plants.

6° — Trouve-t-on dans votre province des emplois agricoles subalternes et dans quelles conditions ?

Non. Les planteurs européens sont en assez petit nombre et aucun d'eux ne peut offrir, pour le moment du moins en raison du peu d'importance des plantations, des emplois subalternes à des français.

7° — Serait-il avantageux de fonder des maisons de commerce dans votre province ?

Non. Ces maisons ne pourraient faire leurs affaires, le commerce de bétail étant insignifiant au point de vue européen et le commerce en gros ne pouvant être entrepris que pour la vente du riz, or la vente du riz est tout entière entre les mains des chinois.

8° — Y a-t-il lieu d'y créer des commerces spéciaux pour la vente au détail, et quel serait approximativement le capital nécessaire ?

Non pour les raisons indiquées au n° 7.

10° — Les employés de commerce peuvent-ils trouver des places dans votre province et à quelles conditions ? — Non.

11° — Peut-on trouver dans votre province des emplois dans l'industrie minière ou forestière ?

Non. L'industrie minière se borne à une mine de lignite appartenant à une annamite et exploitée par des chinois, l'importance des affaires est d'ailleurs trop peu considérable pour que l'on ait besoin d'un européen. L'industrie forestière n'existe pas.

13° — Y a-t-il place dans votre province pour des avocats, des professeurs libres, des architectes, des médecins, des pharmaciens, des sage-femmes, des vétérinaires, etc. ? — Non.

14° — L'émigration des capitaux dans votre province est-elle désirable ?

Oui, pour la création de plantations de thé et de café, et aussi pour la recherche et l'exploitation des mines, qui semblent devoir être plus tard une grande source de richesse pour la province.

15° – Sous quelle forme et à quel objet doivent-ils être employés? — (Voir au n° 14).

16° — Le prix moyen de la vie dans votre province est-il inférieur ou supérieur à ce qu'il est en France et dans quelle mesure ?

Le prix moyen de la vie pour un européen est supérieur ici à ce qu'il est en France, mais pour le planteur, qui habite sur sa concession et vit en grande partie de ses produits, qui de plus ne fait pas de dépenses de luxe, la proportion n'est pas considérable.

VI. — Province de Hung-Yên

Réponse de M. l'Administrateur-Résident à Hung-Yên :
Il ne paraît pas possible de répondre efficacement au questionnaire ci-joint.

La province de Hung-Yên ne possède aucun terrain qui puisse faire l'objet d'une concession.— Le seul colon qui s'y trouve a acheté les terres qu'il cultive et son entreprise ne peut pas être considérée comme une entreprise de colonisation agricole au sens vrai du mot.

D'autre part, la province ne présente aucun centre commercial de quelque importance, et les Européens font défaut. Il ne saurait donc y avoir place pour des employés, des commerçants et encore moins pour des personnes exerçant une profession libérale.

VII. — Province de Haiduong

1° — Convient-il d'envoyer des émigrants dans votre province ?
L'Indo-Chine a surtout besoin de capitaux, et l'exode des émigrants, insuffisamment armés sous ce rapport, devrait être arrêté

à l'heure actuelle dans leur intérêt même comme dans celui de la colonie. (Se souvenir de la crise des sans-travail).

2° — Peut-on y faire de la grande ou de la petite colonisation agricole ?

La grande colonisation agricole convient seule. Par grande colonisation, j'entends la mise en valeur par la main-d'œuvre indigène de surfaces variant de deux à quatre ou cinq mille hectares, par des capitaux représentés, guidés par la capacité professionnelle, facteur indispensable de réussite.

Un des meilleurs modes d'exploitation parait être un *loyal* contrat de métayage bien étudié suivant les diverses régions.

3° — Quel genre de cultures convient-il d'y pratiquer ?

Le Tonkin étant appelé à devenir un des plus grands exportateurs de riz du monde, il y aurait avantage pour le colon à combiner cette culture dont le débouché, ou la consommation, sera toujours assuré, avec les cultures dites riches.

4° — Quelle est l'importance des capitaux dont devra disposer le colon agriculteur ?

Il est nécessaire de prémunir les émigrants contre la conception fausse de l'Eldorado-Tonkinois. Il faut y arriver avec des ressources et ne pas penser que quelques billets de mille suffiront pour entreprendre une exploitation agricole digne de ce nom. L'expérience est malheureusement concluante et trop nombreux sont les exemples d'échecs décourageants.

Les connaissances techniques, l'habileté professionnelle conjuguées avec l'énergie du meilleur aloi sont évidemment les points d'appuis nécessaires du « capital » mais c'est lui le seul levier capable d'assurer dans ces conditions le succès.

L'importance du capital à engager dépend évidemment des surfaces à mettre en valeur, mais il doit être au moins de 50.000 à 60.000 francs pour que le colon obtienne un bénéfice cultural raisonnable, un minimum de superficie ne pouvant en effet fournir les quantités suffisantes pour le réaliser.

5° — Quel revenu peut-il espérer obtenir de ces capitaux ?

Les premières années il ne pourra guère compter sur des bénéfices; ce n'est guère que vers la 4e ou 5e année qu'il pourra en réaliser; ce revenu pourra être de 6 à 12 0/0 suivant la nature des produits, riz ou cultures riches (années moyennes).

6° — Trouve-t-on dans votre province des emplois agricoles subalternes et dans quelles conditions ?

Les emplois agricoles des différentes catégories sont généralement recrutés sur place. Ils sont tenus en majeure partie par d'anciens sous-officiers, de la légion en particulier, aussi par un cer-

tain nombre de fonctionnaires démissionnaires de différentes catégories, voire de l'Administration de la police.

Il y a donc peu de places disponibles.

Gérants pour la plupart, ces employés courent les risques comme les chances de succès de leurs Planteurs; la situation, quoique bien rémunérée avec les avantages particuliers qu'elle offre (habitations, produits, etc...) comporte donc une relative précarité.

Quant aux emplois tout à fait subalternes, l'Annamite y suffisant largement, est généralement employé par les colons à l'exclusion des Européens. Ceux-ci seraient, dans tous les cas, trop peu rémunérés pour des besognes fatigantes, pénibles même. La surveillance et la direction seulement conviennent ici au français.

Le climat ne permettrait pas longtemps l'emploi d'ouvriers agricoles proprement dits par exemple, dans les régions même les plus favorisées.

7° — *Serait-il avantageux de fonder des maisons de commerce dans votre province ?*

Tout dépend de l'avenir, c'est-à-dire de la marche de la consommation intérieure comme du mouvement des exportations.

Actuellement, le nombre et la variété des maisons de commerce existantes, paraît largement suffisant.

Dans tous les cas, le petit commerce proprement dit aurait bien du mal à lutter contre les gros capitaux qui sont les maîtres du marché.

Au fur et à mesure du développement des voies de communication, à l'époque où le chemin de fer du Yunnam aura *enfin* abouti, on peut espérer cependant que le mouvement d'échanges se développera suffisamment pour autoriser la création de nouvelles maisons commerciales; en attendant, il serait à craindre que l'excès de concurrence actuelle ne vienne à compromettre des tentatives encore prématurées.

8° — *Y a-t-il lieu d'y créer des commerces spéciaux pour la vente au détail et quel serait approximativement le capital nécessaire ?*

Hanoï et Haïphong sont jusqu'à présent, les seuls centres commerciaux vraiment importants.

Quant aux autres villes du Tonkin, le petit nombre d'Européens qui les habitent et jusqu'ici le peu d'Annamites encore acheteurs de nos produits ne permettrait pas, je pense, à une maison de vente de produits divers de s'établir avec sérieuse chance de succès. Concurrenciant difficilement le chinois, tout au plus pourrait-on établir un représentant pour le détail de certains de nos produits.

Ces agents, tout en cherchant à créer une clientèle pour leur maison, seraient en même temps *trafiquants*.

Bien mieux placés que quiconque en effet pour connaître rapidement les ressources spéciales de la région qu'ils habitent, en contact permanent avec les gens de l'intérieur, ils pourraient ajouter aux bénéfices pour quelque temps assez précaires sur la plupart de nos produits, celui d'un achat habile de ceux indigènes qui convenablement rémunérés ne tarderaient pas à se présenter abondants.

Un courant d'exportation serait sans doute bientôt créé vers les centres importants et centralisateurs d'Hanoï et Haïphong.

A bon compte, et suivant les régions, ils obtiendraient :

1° *Produits animaux* : Bœufs et buffles, peaux de cerfs et de chèvres, soies de porcs, cornes de buffles et cerfs, musc, civette, cire, crins de Florence, soies et déchets.

2° *Produits végétaux* : Graines de sésame, arachides, clous de girofles, canelle, noix d'arec, badiane, etc...

3° *Produits tinctoriaux* : Curcuma, indigo, faux gambier, galle de Chine, etc...

4° *Gommes résines* : Caoutchouc, benjoin, gomme gutte, laque, etc...

5° *Huiles végétales* : Bancoulier, ricin.

6° *Essences, produits à distiller* : Essence de badiane, nombreuses lianes odorantes.

7° *Textiles, fibres, tiges* : Fibres de concombre, écorces à papier, rotins, ramie, jute, bananier sauvage, aloès, etc...

Tous les articles sont de bonne exportation et de nombreux sont demandés.

Quant au capital nécessaire, il sera évidemment en fonctions de la nature du commerce et de son extension. Les réserves toujours indispensables paraissent devoir être moindres *a priori* que celles dont devra s'assurer le colon. Le rapport du capital engagé avec les bénéfices étant plus rapide généralement dans le commerce et plus vite rémunérateur.

9° — Quelle est l'importance des profits que peut espérer un commerçant ?

L'importance des profits, comme partout et toujours, dépend de facteurs qui s'appellent, Intelligence, Activité, Main-d'œuvre à bon compte (parfois rare dans la Haute Région), Capital engagé, Valeur des produits sur lesquelles s'exercera la Loi de l'offre et de la demande.

10° — Les employés de commerce peuvent-ils trouver des places dans votre province et à quelles conditions ?

Pour les commerçants et les industriels qui ne prennent pas directement leurs agents au choix en France, Pléthore de demandes;

quant aux conditions elles sont sensiblement les mêmes pour les diverses catégories de la plupart des maisons de commerce. Les appointements varient entre 3,000 et 6,000 fr. pour les employés subalternes 8,000, 10,000 et au-delà pour les employés supérieurs.

11° — Peut-on trouver dans votre province des emplois dans l'industrie minière et forestière ?

En ce qui concerne l'industrie minière, à condition de valoir par sa capacité professionnelle, certainement la demande dépassera sans doute bientôt l'offre.

Quant aux emplois dans l'industrie forestière, si le Tonkin présente des ressources inestimables leur mise en valeur étant à peine commencée, il faut attendre les demandes qui se produiront au fur et à mesure des aménagements et exploitations.

12° — A quelles conditions peut-on obtenir ces emplois et quels résultats peut-on en attendre ?

S'il s'agit de ce que l'employé est en droit d'attendre, d'espérer, comme dans toute industrie, il faut répondre que c'est la prospérité future qui seule parait devoir déterminer les taux de l'avenir. En attendant, les appointements sont avantageux ; des privilèges (habitations, facilités diverses) rendent supportable la rude existence menée, la vie assez peu dispendieuse d'une matière générale permet l'économie.

13° — Y a-t-il place dans votre province pour des avocats, des professeurs libres, des architectes, des médecins, des pharmaciens, des sage-femmes, des vétérinaires, etc. ?

Pas en ce moment, à mon avis ; actuellement il y a pléthore. Il y a néanmoins place pour tout le monde bien entendu, mais alors sans garantie d'aucune sorte.

14° — L'émigration des capitaux dans votre province est-elle désirable ?

Ce serait la mise en valeur rapide d'un pays admirablement doué sous tant de rapports.

15° — Sous quelle forme et à quel objet doivent-ils être employés ?

1° — A l'Agriculture. — 2° A l'Industrie. — 3° Au Commerce.

A l'Agriculture sous des formes diverses.

La reconnaissance sérieuse du sol assurée par un professionnel doublé d'une solide instruction scientifique. Les conditions de la main-d'œuvre une fois reconnues, ce serait, ou bien le métayage loyablement appliqué, ou bien le travail à la tâche par des indigènes ou chinois (ce qui ne peut s'opérer que dans certaines régions). Travail surveillé et dirigé par des agents français particulièrement sélectionnés, qui paraissent devoir produire les meilleurs résultats.

A l'Industrie.— L'avenir industriel du Tonkin ne paraît pas discutable et les capitaux ne peuvent hésiter.

Qu'est devenu Cholon ? ses usines le proclament. Lorsque la culture du riz qui sans être illimitée au Tonkin, est appelée cependant à grandir dans des proportions justifiées par les espaces considérables encore relativement incultes dans certaines régions lointaines, sans communications suffisantes avec les frontières de Chine, mangeuse de riz, comme avec Haïphong, notre exportateur en Extrême-Orient. Dès que le Tonkin sera convenablement assuré en voies de transit, sa production rizicole permettra, il semble bien, l'établissement d'usines pour le traitement industriel du riz, car les débouchés ne lui feront pas défaut.

L'indigène, étant donné sa rapide éducation, saura se mettre directement en contact avec l'usine. Il suffit de voir comment l'Annamite s'entend à discuter les cours pour affirmer que bientôt il pourrait se passer du Chinois intermédiaire qui le gruge et l'accapare.

Magnanerie, la soie est abondante et demandée. *Jute* mal décortiqué jusqu'ici et peu heureusement étudié malgré les efforts d'une grande maison de Paris.

Charbon, etc... Voilà des éléments de richesse auxquels peuvent s'appliquer la puissance des capitaux sous la condition expresse d'études préalables et patientes par des professionnels.

En Indo-Chine, comme ailleurs, le travail attentif, la reconnaissance avertie du terrain où l'on s'engage, sont des facteurs premiers. C'est le fonds qui manque le moins pour rémunérer capital et travail.

Cela peut paraître optimiste ; en réalité il faut compter avec le découragement naturel de ceux qui pour des causes diverses (déjà signalées) n'ont pas réussi. Il faut ajouter que certains esprits considèrent le Tonkin comme un domaine privé et entendent bien en refuser l'accès ; dénigrer est un système, leurs doléances s'expliquent.

Au commerce.—Les capitaux employés au commerce permettent l'attente et le large crédit. D'autre part, les fonds liquides, c'est l'achat immédiat sans l'intérêt qui tue. Au Tonkin, nombreux sont les crédits nécessaires et une grande circulation monétaire l'est également.

Afin de gagner la confiance des indigènes et de les amener à la production, le comptant est indispensable.

Des capitaux donc pour en créer ainsi de nouveaux.

16° — Le prix moyen de la vie dans votre province est-il inférieur ou supérieur à ce qu'il est en France et dans quelle mesure ?

Le prix de la vie est élevé, les loyers à Hanoï et à Haïphong en particulier d'une cherté *excessive* ; ajoutez-y l'oscillation de la piastre et l'on comprendra que le prix de revient de l'existence au Tonkin *est plus que doublé* si on le compare à celui du plus cher de nos *départements Français*.

VIII. — Province de Hà-Dông.

1° — Convient-il d'envoyer des émigrants dans votre province ? — Non.

2° — Peut-on y faire de la grande ou de la petite colonisation agricole ? — Non.

3° — Quel genre de culture convient-il d'y pratiquer? — Aucune.

4° — Quelle est l'importance des capitaux dont devra disposer le colon agriculteur ?
Le colon agriculteur n'a pas de raison d'être dans la province.

6° — Trouve-t-on dans votre province des emplois agricoles subalternes et dans quelles conditions ? — Non et pour cause.

7° — Serait-il avantageux de fonder des maisons de commerce dans votre province ? — Non.

8° — Y a-t-il lieu d'y créer des commerces spéciaux pour la vente au détail, et quel serait approximativement le capital nécessaire ? — Non.

9° — Quelle est l'importance des profits que peut espérer un commerçant ? — Aucun.

10° — Les employés de commerce peuvent-ils trouver des places dans votre province et à quelles conditions ?
Pas d'emploi, par suite pas de conditions.

11° — Peut-on trouver dans votre province des emplois dans l'industrie minière et forestière ? — Actuellement non.

12° — A quelles conditions peut-on obtenir ces emplois et quels résultats peut-on en attendre ? — Pas d'emploi, pas de résultats.

13° — Y a-t-il place dans votre province pour des avocats, des professeurs libres, des architectes, des médecins, des pharmaciens, des sages-femmes, des vétérinaires, etc. ? — Non.

14° — L'émigration des capitaux dans votre province est-elle désirable ? — Oui.

15° — Sous quelle forme et à quel objet doivent-ils être employés?
Industries du verre.
d°   céramique, terres cuites.
d°   filature soie.
d°   vannerie.

16° — Le prix moyen de la vie dans votre province est-il inférieur ou supérieur à ce qu'il est en France et dans quelle mesure ?
Supérieur à ce qu'il est en France.

Appréciations personnelles :
La colonisation agricole n'a aucune raison d'être dans une province de cent vingt mille hectares de superficie environ sur laquelle se trouve une population de plus de 600.000 habitants. Tout ce qui a pu être mis en culture l'est déjà depuis plusieurs siècles. Ce qui pourrait être tenté avec quelques chances de succès, ce sont les industries indiquées au paragraphe 15, avec des capitaux suffisants, de la persévérance. Le succès est à peu près certain avec quelques bons maîtres ouvriers, capables de dresser une main-d'œuvre intelligente et abondante.

IX. — Province de Quang-Yèn

1° — Convient-il d'envoyer des émigrants dans votre province ?
Oui, si ces émigrants possèdent un capital assez important, leur permettant de fonder dès leur arrivée une entreprise quelconque et d'attendre les premiers résultats fructueux, souvent un peu tardifs, de cette entreprise. Autrement, s'ils n'ont que des moyens médiocres, il vaut mieux qu'ils restent en France, car les premiers frais d'installation d'un établissement, même de petite importance, auront vite absorbé leurs ressources ; alors, ou ils végèteront sans grande chance d'améliorer rapidement leur situation, ou au bout de peu de temps ils se verront obligés d'abandonner leur entreprise pour entrer soit dans l'Administration, soit chez des particuliers qui ne peuvent leur offrir que des emplois de début généralement mal rétribués, emplois qu'on trouve aussi bien en France qu'au Tonkin.

2° — Quel genre de culture convient-il d'y pratiquer ?
Dans les plaines bien irriguées, il convient, pour débuter dans la Colonie, de ne cultiver que le riz, culture familière aux indigènes qui, sans donner de bénéfices aussi rémunérateurs que d'au-

tres dites riches, a l'immense avantage de rapporter dès la première année d'installation et, par la suite de donner deux récoltes par an.

On devrait donc conseiller aux personnes désireuses de se livrer à l'agriculture, d'attendre, pour entreprendre des cultures dites riches, café, poivre, vanille, etc., que leur première exploitation soit d'un rapport régulier ; de cette manière une partie des bénéfices rapportés par ces rizières pourrait être consacrée à de nouveaux essais, sans compromettre les bons résultats déjà acquis.

Dans les régions du Tonkin où le riz ne peut être cultivé, ou n'est que d'un rendement médiocre, on pourrait se livrer à la culture du tabac. Les essais déjà faits donnent tout lieu d'espérer un bel avenir pour cette culture.

3° — Peut-on y faire de la grande ou de la petite colonisation agricole ?

Les deux sont possibles, tout dépendant naturellement de l'importance des capitaux engagés. Pour un émigrant disposant au moins de 30,000 francs, il conviendrait de ne demander qu'une petite concession, cent hectares environ, par exemple.

4° — Quelle est l'importance des capitaux dont devra disposer le colon agriculteur ?

Pour une exploitation d'une centaine d'hectares, une somme de 30,000 francs est nécessaire. Muni de ce capital, le futur colon peut prendre tout le temps nécessaire pour choisir mûrement l'emplacement de sa future concession, faire toutes les formalités indispensables pour l'obtention de cette concession, se faire construire des logements provisoires pour lui et son matériel, acheter ce matériel, des semences, recruter son personnel, et attendre les résultats de sa première campagne.

Avec une somme inférieure, le futur colon s'exposerait, au moment de commencer à travailler, à ne plus avoir un capital de roulement suffisant pour parer aux besoins courants et aux aléas et pourrait ainsi compromettre dès le début la réussite de son entreprise.

5° — Quel revenu peut-il espérer obtenir de ces capitaux ?

Un colon qui arrive dans l'intention de se faire donner une concession ne doit pas compter s'installer sur sa concession et commencer à travailler avant neuf mois. Cette période sera employée à choisir l'emplacement de sa concession, à faire toutes les démarches nécessaires pour l'obtention de cette concession, sa délimitation, la construction de bâtiments, etc. Pendant ces neuf mois, en procédant le plus économiquement possible, il lui faudra dépenser 600 francs par mois, soit 5,400 francs.

L'édification des bâtiments provisoires, l'achat de matériel, frais de premier établissement, absorberont 4,000 francs.

En mettant toute diligence, toutes ces différentes opérations l'amèneront à l'époque du repiquage du riz.

A ce moment, il devra débourser 4,000 francs en achat de semis. Sa main-d'œuvre, pour cette première campagne, lui coûtera, pour une concession de 100 hectares, en admettant qu'il réussisse à en mettre la moitié en valeur, soit 50 hectares, 1,000 francs. Il lui reste donc à attendre la récolte, époque à laquelle il pourra réaliser ses premiers bénéfices, soit 4 mois à 300 francs = 1,200 francs.

La première année, toutes dépenses comprises, lui aura donc coûté :

Dépenses d'arrivée................	4.800 fr.
Bâtiments........................	4 000 fr.
Matériel	1.000 fr.
Semis...........................	4.000 fr.
Main-d'œuvre....................	1.000 fr.
Dépenses en attendant la récolte....	1.200 fr.
Total.........	16 000 fr.

S'il a apporté, comme nous le supposons, un capital de 30.000 francs, il lui reste donc 14.000 francs à la fin de sa première année.

Un hectare de rizière de qualité moyenne rapporte net environ 70 fr. La première année lui donnera donc un revenu net de 3.500 francs.

Les dépenses ci-dessus pourraient être atténuées par le rendement de cultures secondaires telles que patates, maïs, haricots, etc.

A la fin de sa première année notre colon aura donc comme capital disponible : 16.000 + 3.500 = 19.500 fr. Il pourra songer à mettre en culture le reste de sa concession. Il aura mis de côté une partie de sa récolte pour la prochaine campagne, de sorte qu'il n'aura plus de semis à acheter. Il n'aura plus de bâtiments à construire. Ses frais généraux pour cette seconde année se borneront à la main-d'œuvre et à l'amortissement de son matériel. Il dépensera donc pour son entretien, sa main-d'œuvre, remplacement du matériel 6.000 francs. Il aura deux récoltes dont le produit moyen à l'hectare sera de 100 francs. Pour toute sa concession il aura un revenu net de 10.000 francs. Au commencement de la troisième année, il devra donc se trouver à la tête d'un capital de 23.500 francs. La 3ᵉᵐᵉ année, sa concession sera en plein rapport et lui donnera en moyenne 10 à 12.000 francs, car outre le riz, notre colon pourra se livrer à quelques cultures secondaires, à l'élevage de bétail, de porcs, etc, dont le produit viendra s'ajouter à ceux proprement dits de la rizière.

L'intérêt produit par le capital engagé, 30.000 francs, serait donc au bout de la 3e année de 30 0/0 au minimum.

6° — Trouve-t-on dans votre province des emplois agricoles subalternes et dans quelles conditions ?

Pour ces sortes de situations, en général peu rétribuées, les colons engagent sur place des soldats libérés de préférence à des employés venant de France qu'ils devraient payer plus cher et pour lesquels ils devraient débourser le coût du voyage d'aller et quelquefois de retour, si pour une raison quelconque ils étaient obligés de les rapatrier.

7° — Serait-il avantageux de fonder des maisons de commerce dans votre province ?

Depuis plusieurs années, il s'est fondé au Tonkin un grand nombre de maisons nouvelles, qui avec celles déjà existantes suffisent largement à approvisionner le marché en articles à l'usage des Européens et des Indigènes. Il n'y aurait donc pour le moment aucun avantage à établir de nouveaux comptoirs, qui ne feraient que concurrencer les établissements travaillant actuellement.

8° el 9° — Y a-t-il lieu d'y créer des commerces spéciaux pour la vente au détail et quel serait approximativement le capital nécessaire? — Quelle est l'importance des profits que peut espérer un commerçant ?

Bien que le nombre des magasins de détail soit déjà considérable au Tonkin, une personne sérieuse, possédant un capital d'environ 20.000 fr., pourrait ouvrir un commerce avec chances de réussite en se contentant d'un bénéfice net de 20 0/0 et ne vendant autant que possible qu'au comptant. Cette personne, en payant elle-même ses achats au comptant, pourrait s'adresser directement aux fabricants et se passer de l'intermédiaire ruineux des commissionnaires.

10° — Les employés de commerce peuvent-ils trouver des places dans votre province et à quelles conditions ?

Un employé de commerce peut trouver des emplois dans la colonie en Cochinchine surtout, avec des appointements de début allant de 120 à 150 piastres par mois. Un employé ne doit pas accepter d'appointements inférieurs à 120 $. Il ne doit quitter la France qu'avec un contrat parfaitement en règle, lui garantissant une situation à son arrivée et son retour en France aux frais de son employeur, au cas où le contrat ne serait pas renouvelé ou serait rompu par le dit employeur pour une raison non justifiée. Il y aurait également lieu de prévoir dans ce contrat une indemnité au cas où l'engagement serait rompu du fait de l'employeur.

11° et 12° — Peut-on trouver dans votre province des emplois dans l'industrie minière ou forestière ? — A quelles conditions peut-on obtenir ces emplois et quels résultats peut-on en attendre ?

Il n'y a actuellement au Tonkin que deux ou trois entreprises forestières ou minières employant un nombreux personnel. Ces entreprises recrutent ce personnel en France. La main-d'œuvre étant asiatique, il n'y a place dans ces entreprises que pour des personnes possédant une instruction suffisante pour occuper des postes de surveillants ou de contremaîtres ; le nombre de ces emplois étant limité, de même que pour les employés de commerce, on ne saurait conseiller à un homme de métier de venir au Tonkin, sans engagement, car il s'exposerait à rester longtemps sans travail.

13° — Y a-t-il place dans votre province pour des avocats, des professeurs libres, des architectes, des médecins, des pharmaciens, des sage-femmes, des vétérinaires, etc. ?

La profession d'avocat est monopolisée en Indo-Chine par les avocats-défenseurs nommés par le gouvernement. Donc pas de place pour les avocats.

Il n'y en a pas davantage pour les professeurs, ni pour les médecins, le service médical étant partout assuré par l'administration à quelques exceptions près.

Peut-être un architecte pourrait-il s'établir avec chance de succès.

14° et 15° — L'émigration des capitaux dans votre province est-elle désirable ? — Sous quelle forme et à quel objet doivent-ils être employés ?

L'émigration des capitaux dans la colonie serait éminemment désirable. Ces capitaux pourraient être consacrés presque entièrement à des travaux d'irrigation ou de défrichement.

16° — Le prix moyen de la vie dans votre province est-il inférieur ou supérieur à ce qu'il est en France et dans quelle mesure ?

Dans les centres importants, il faut actuellement pour un ménage sans enfant, dépenser en vivant modestement, de 350 fr. à 400 fr. par mois. Aux mêmes conditions en France, il suffirait d'une somme de 200 fr. à 250 fr. En province, les occasions de dépenser étant beaucoup moins nombreuses, une somme de 250 à 300 francs pourrait couvrir les dépenses d'un ménage sans enfant.

Appréciations personnelles :

Les sociétés de propagande coloniale peuvent jouer un rôle très utile pour la colonie à la seule condition de ne donner sur elle aux personnes désireuses de venir s'y fixer que des renseignements scrupuleusement exacts,

Pour satisfaire à ces conditions, elles devront se documenter elles-mêmes à des sources sérieuses et dignes de foi, c'est-à-dire à toute personne, fonctionnaire ou particulier, résidant dans le pays, qui, par ses fonctions ou par son expérience, peut fournir des renseignements dépourvus de toute exagération dans un sens ou dans l'autre.

Munies de ces renseignements, elles devront s'efforcer de dissuader toute personne désireuse d'aller au Tonkin si elle n'a pas les qualités requises, c'est-à-dire une bonne santé, un capital plus ou moins élevé, selon le genre de l'entreprise qu'elle veut tenter, ou tout au moins un emploi assuré par contrat à son arrivée.

A l'aide de ces renseignements sérieux, elles provoqueront certainement un afflux de capitaux qui, jusqu'à présent, a fait défaut précisément par suite du peu de certitude des informations données et souvent même de leurs inexactitudes.

X — Province de Bac-Ninh

1° — Convient-il d'envoyer des émigrants dans votre province ?
— Non.

2° — Peut-on y faire de la grande ou de la petite colonisation agricole ?

La colonisation agricole au Tonkin grande ou petite n'a aucune chance de succès.

3° — Quel genre de culture convient-il d'y pratiquer ?

L'Européen ne doit pas lui-même tenter aucune espèce de culture, mais se borner à acheter les produits des cultures indigènes qui sont susceptibles de trouver des débouchés dans la Métropole ou ailleurs.

4° — Quelle est l'importance des capitaux dont devra disposer le colon agriculteur ? — Il ne doit pas y avoir de colon agriculteur.

5° — Quel revenu peut-il espérer obtenir de ces capitaux ?
Nul, s'il se livre à l'agriculture.

6° — Trouve-t-on dans votre province des emplois agricoles subalternes et dans quelles conditions ?

L'agriculture ne pouvant à mon avis qu'amener la ruine du colon qui la tente, ne saurait évidemment, par voie de conséquences que faire vivre momentanément et misérablement les employés de ce colon.

7° — *Serait-il avantageux de fonder des maisons de commerce dans votre province ?*

Oui, mais surtout des comptoirs achètant aux indigènes ceux des produits agricoles susceptibles d'être manufacturés sur place, soit d'être écoulés dans la Métropole.

8° — *Y a-t-il lieu d'y créer des commerces spéciaux pour la vente au détail et quel serait approximativement le capital nécessaire ?*

Oui, pour les produits français manufacturés susceptibles d'être achetés par l'indigène. Petit commerce ne nécessitant que des capitaux relativement minimes.

9° — *Quelle est l'importance des profits que peut espérer un commerçant ?*

Très variable, selon la nature des marchandises et selon que le commerçant vendrait au Tonkin des produits français ou au contraire achèterait à l'indigène pour revendre en Europe.

10° — *Les employés de commerce peuvent-ils trouver des places dans votre province et à quelles conditions ?*

Oui, emplois très divers, mais pour le moment assez limités comme nombre.

11° — *Peut-on trouver dans votre province des emplois dans l'industrie minière et forestière ?*

Pas pour le moment, l'exploitation des produits de cette nature étant encore à l'état embryonnaire.

12° — *A quelles conditions peut-on obtenir ces emplois et quels résultats peut-on en attendre ?* — Néant.

13° — *Y a-t-il place dans votre province pour des avocats, des professeurs libres, des architectes, des médecins, des pharmaciens, des sage-femmes, des vétérinaires, etc. ?* — Oui.

14° — *L'émigration des capitaux dans votre province est-elle désirable ?* — Très désirable.

15° — *Sous quelle forme et à quel objet doivent-ils être employés?*
Commerce (vente ou achat à l'indigène). — Création d'industrie.

16° — *Le prix moyen de la vie dans votre province est-il inférieur ou supérieur à ce qu'il est en France et dans quelle mesure ?*
Supérieur, presque double.

Appréciations personnelles :
Empêcher l'émigration des personnes qui voudraient venir au Tonkin *sans un but déterminé* et sans avoir les ressources nécessaires à la réalisation de ce but ; l'échec inévitable qui les attend, outre ses conséquences au point de vue des individus qui le subissent est toujours préjudiciable à la colonie et décourage l'initiative privée.

XI. — Province de Hoa-Binh

1° — Convient-il d'envoyer des émigrants dans votre province ?
— Non.

2° — Peut-on y faire de la grande ou de la petite colonisation agricole ?
L'une et l'autre ont des chances égales de réussite ou d'insuccès.

3° — Quel genre de culture convient-il d'y pratiquer ?
La culture du thé, du café (cultures riches) ont seules jusqu'ici donné des résultats satisfaisants.

4° — Quelle est l'importance des capitaux dont devra disposer le colon agriculteur ?
Etant donné qu'il n'y a pas de concessions gratuites en pays Muong, il importe de prévoir, en vue des capitaux ordinaires, une somme destinée à l'achat d'une propriété. D'autre part, le thé et le café ne commencent à rendre qu'après quatre ans de culture. Il faut donc compter avec ce long laps de temps où l'exploitation reste forcément improductive.

5° — Quel revenu peut-il espérer obtenir de ses capitaux ?
Il m'est impossible de donner un chiffre, même approximatif.

6°—Trouve-t-on dans votre province des emplois agricoles subalternes et dans quelles conditions ? — Non.

7° — Serait-il avantageux de fonder des maisons de commerce dans votre province ?
Le commerce (caoutchouc, laque, louïs, etc.), est entièrement entre les mains des chinois et des représentants de quelques grosses maisons de Hanoï ou de France. Il serait difficile de lutter contre eux.

8° — Y a-t-il lieu d'y créer des commerces spéciaux pour la vente au détail et quel serait approximativement le capital nécessaire ?
—Non.

14° — L'émigration des capitaux dans votre province est-elle désirable ? — Oui.

15° — Sous quelle forme et à quel objet doivent-ils être employés?
Une entreprise pourrait être tentée qui pourrait, je crois, donner de bons résultats ; c'est le commerce des louïs, qui est absolument entre les mains des chinois.
Les louïs sont des rotins d'un genre spécial ramassés dans la province de Van-Bu, et dans le Haut-Laos, et achetés par les chi-

nois. Il en faut, à Cho-Bo, des quantités considérables. Ces rotins sont chargés sur des jonques chinoises et transportés à Haïphong. De là, ils sont expédiés à Hong-Kong et transformés en sticks, cannes et manches de parapluie vendus en Angleterre et en France à des prix très élevés, sous le nom de cannes de Hong-Kong. Le commerce des louïs doit rapporter de très forts revenus.

16°—Le prix moyen de la vie dans votre province est-il inférieur ou supérieur à ce qu'il est en France et dans quelle mesure ?

Dans la brousse, le prix moyen de la vie est à peu près le même qu'en France, dans les campagnes. Il est inférieur pour ceux qui vivent et mangent à l'annamite.

XII. — Province de Sontay

1° — Convient-il d'envoyer des émigrants dans votre province ?
— Non.

2° — Peut-on y faire de la grande ou de la petite colonisation agricole ?

Il n'existe dans la province aucun vaste terrain de rizière qui ne soit déjà cultivé. Il n'y a de disponible que des mamelons et des terrains élevés se prêtant peu à la culture du riz, mais ils conviennent à l'élevage des bêtes à cornes car ils sont recouverts, en général, d'une herbe qui est bonne pour la nourriture des bestiaux.

3° — Quel genre de culture convient-il de pratiquer ?

Le thé réussirait sans doute bien dans une partie de ces terrains à la condition que l'épaisseur de terre arable soit suffisante au-dessus de la couche rocheuse (composé de pyrites de fer agglomérés avec de l'argile et appelés pierres de Biên-Hoa). Ces terrains se rencontrent dans une grande partie de la province de Sontay.

Un Français établi depuis 20 ans à Sontay a des champs, dans des terrains de ce genre, plantés en citronnelle (lemon-grass ou verveine du Tonkin) qu'il distille. Le produit de cette distillation se vend, en France, paraît-il, à un prix très rémunérateur.

Ce même colon a planté sur divers mamelons plusieurs milliers de pieds de ylang-ylang en vue de la distillation.

4° — Quelle est l'importance des capitaux dont devra disposer le colon agriculteur ?

Il est difficile de préciser. L'importance des capitaux à employer varie avec les goûts du colon, par exemple en ce qui concerne son installation, et avec l'étendue donnée aux cultures et à l'exploitation agricole.

5° — Quel revenu peut-il espérer obtenir de ces capitaux ?

De nombreux indigènes s'adonnent à la culture du thé dans la province de Sontay, cette culture ne serait peut-être pas suffisamment rémunératrice pour un Européen. La distillation de la citronnelle et du ylang-ylang pourrait donner d'assez beaux bénéfices si l'on était toujours assuré du placement de ces produits. En ce qui concerne l'élevage des bêtes à cornes, il pourrait se faire dans de bonnes conditions.

6° — Trouve-t-on dans votre colonie des emplois agricoles subalternes et dans quelles conditions ? — Non.

7° — Serait-il avantageux de fonder des maisons de commerce dans votre province ?

Les ressources de la province sont exploitées surtout par les indigènes et quelques chinois. Deux commerçants Français sont établis à Sontay et il ne semble pas que d'autres maisons aient des chances de réussir dans la province.

8° — Y a-t-il lieu d'y créer des commerces spéciaux pour la vente au détail et quel serait approximativement le capital nécessaire ?

Un des deux commerçants français établis à Sontay s'occupe de la vente au détail aux Européens de la région. Il n'y a pas de place à Sontay pour un deuxième commerçant au détail à cause de la concurrence des commerçants chinois et de la proximité de Hanoi.

10° — Les employés de commerce peuvent-ils trouver des places dans votre province et à quelles conditions ? — Non.

11° — Peut-on trouver dans votre province des emplois dans l'industrie minière et forestière ? — Non.

13° — Y a-t-il place dans votre province pour des avocats, des professeurs libres, des architectes, des médecins, des pharmaciens, des sage-femmes, des vétérinaires, etc. ? — Non.

14° — L'émigration des capitaux dans votre province est-elle désirable ? — Oui.

15° — Sous quelle forme et à quel objet doivent-ils être employés ?

Aux cultures et plantations désignées ci-dessus et à l'élevage des bêtes à cornes.

16° — Le prix moyen de la vie dans votre province est-il inférieur ou supérieur à ce qu'il est en France et dans quelle mesure ?

Il est insensiblement le même.

XIII. — Province de Vinh-Yên.

1° — Convient-il d'envoyer des émigrants dans votre province?

Oui, s'ils apportent avec eux les éléments du succès, c'est-à-dire capitaux suffisants, bonne santé, activité, efforts personnels et soutenus.

2° — Peut-on y faire de la grande ou de la petite colonisation agricole ?

On peut entreprendre dans la province la grande et la petite colonisation agricole.

3° — Quel genre de culture convient-il d'y pratiquer ?

On peut pratiquer toutes les cultures auxquelles se livrent les indigènes : paddy, maïs, ricin, manioc, mûrier, tabac.

4° — Quelle est l'importance des capitaux dont devra disposer le colon agriculteur ?

Suivant l'importance à donner à son exploitation. Capital minimum 20.000 francs.

5° — Quel revenu peut-il espérer obtenir de ces capitaux ?

Néant, pendant les premières années d'installation. De 20 à 50 0/0 suivant la bonté de la récolte quand l'exploitation est en plein rapport.

6° — Trouve-t-on dans votre province des emplois agricoles subalternes et dans quelles conditions ?

Les concessionnaires sont en général seuls ou associés, aucun emploi agricole subalterne n'est vacant.

7° — Serait-il avantageux de fonder des maisons de commerce dans votre province ?

Le peu d'importance de vente des articles Européens ne le justifie pas.

8° — Y a-t-il lieu d'y créer des commerces spéciaux pour la vente au détail et quel serait approximativement le capital nécessaire ?

Le commerce au détail est sans concurrence possible entre les mains de Chinois qui vivent de l'existence à bon marché de l'Indigène.

10° — Les employés de commerce peuvent-ils trouver des places dans votre province et à quelles conditions ?

Aucune maison de commerce pouvant utiliser un employé Européen n'y est encore installée.

11° — Peut-on trouver dans votre province des emplois dans l'industrie minière et forestière ?

Pas encore; ces industries ne sont pas suffisamment développées dans la province.

13° — Y a-t-il place dans votre province pour des avocats, des professeurs libres, des architectes, des médecins, des pharmaciens, des sage-femmes, des vétérinaires, etc. ?

Un médecin, un vétérinaire de l'Administration sont déjà installés. Les avocats, professeurs, etc., ne peuvent pas compter sur une clientèle indigène.

14° — L'émigration des capitaux dans votre province est-elle désirable ?

Oui, pour augmenter l'outillage économique de la province.

15° — Sous quelle forme et à quel objet doivent-ils être employés ?

Achat de bœufs, buffles, moutons, chevaux. Installation de scieries, etc., différentes industries.

16° — Le prix moyen de la vie dans votre province est-il inférieur ou supérieur à ce qu'il est en France et dans quelle mesure ?

Le prix de la vie normale dans une concession de la province est de 300 francs environ.

XIV. — Province de Hung hoa

1° — Convient-il d'envoyer des émigrants dans votre province?

Il y a place pour la colonisation européenne dans toute la province.

2° — Peut-on y faire de la grande ou de la petite colonisation agricole ?

La grande et la petite colonisation peuvent y avoir leur place, tout dépend du mode d'exploitation adopté, des capitaux disponibles et des cultures à entreprendre.

3° — Quel genre de culture convient-il d'y pratiquer ?

Riz, caféiers, certains textiles, thé, maïs, canne à sucre, arbres à huile et à paillottes.

4° — Quelle est l'importance des capitaux dont devra disposer le colon agriculteur ?

Il n'est pas possible de répondre en quelques lignes à une question aussi complexe. Par exploitation directe, il faudrait au moins une première mise de 15.000 fr., un capital de roulement de 10.000 fr. et un fonds de réserve de 5.000 fr. par surface de 100 hectares mis en culture. Par fermage, capital minimum de 10.000 francs première mise, 5.000 fr. de roulement, 5.000 fr. de réserve.

5° — Quel revenu peut-il espérer obtenir de ces capitaux?

Nul les deux ou trois premières années ; de 8 à 15 ou 20 0/0 du capital.

6° — Trouve-t-on dans votre province des emplois agricoles subalternes et dans quelles conditions ?

Au point de vue administratif, le recrutement du personnel est réglé par l'arrêté du 25 mars 1905. Sur les exploitations privées, très peu ou pas d'emplois.

11° — Peut-on trouver dans votre province des emplois dans l'industrie minière et forestière ? — Non.

13°—Y a-t-il place dans votre province pour des avocats, des professeurs libres, des architectes, des médecins, des pharmaciens, des sage-femmes, des vétérinaires, etc. ? — Pas dans la province.

14° — L'émigration des capitaux dans votre province est-elle désirable?

Les capitaux métropolitains se montrent malheureusement peu enclins à aider l'agriculture ou les entreprises industrielles annexes des exploitations agricoles. Leur émigration serait fort désirable, elle devrait se faire sous forme d'association, car la propriété n'existant pas encore d'une façon définitive, les prêts hypothécaires ne pourraient être que très aléatoires ou tout au moins consentis à des taux ordinaires qui ne feraient que ruiner les plus sérieuses entreprises.

10° — Le prix moyen de la vie dans votre province est-il inférieur ou supérieur à ce qu'il est en France et dans quelle mesure?

Supérieur, au moins d'un tiers.

XV. — Province de Kien-An

1° — Convient-il d'envoyer des émigrants dans votre province ?

Non, la province étant une province d'exploitation et non une province de peuplement, l'émigration est impossible.

2° — Peut-on y faire de la grande ou de la petite colonisation agricole ?

La petite colonisation agricole est préférable, mais la grande colonisation y est possible et quelques exemples semblent démontrer qu'elle peut réussir.

3° — Quel genre de culture convient-il d'y pratiquer ?

Le riz principalement ; cependant il est possible de cultiver : le thé, l'abacca, la ramie, le café; les cultures riches en général faites dans une bonne exposition y sont rémunératrices.

4° — Quelle est l'importance des capitaux dont devra disposer le colon agriculteur ?

Assez considérable, surtout s'il veut entreprendre les cultures riches qui demandent une première mise de fonds importante et la possibilité d'attendre un certain nombre d'années avant de recueillir le fruit des sacrifices faits. Pour la culture rizicole, la mise de fonds est beaucoup moins importante.

5° — Quel revenu peut-il espérer obtenir de ces capitaux ?

12 0/0 ou au-dessous suivant la culture entreprise, et aussi suivant les années.

6° — Trouve-t-on dans votre province des emplois agricoles subalternes et dans quelles conditions ?

On trouve des emplois subalternes, car les colons ont besoin quelquefois d'auxiliaires. La solde est à la libre disposition des employeurs.

7° — Serait-il avantageux de fonder des maisons de commerce dans votre province ?

Cela dépend du commerce entrepris. Il existe dans la province de grandes maisons de commerce qui ne permettent guère au petit commerce de réussir.

9° — Quelle est l'importance des profits que peut espérer un commerçant ? — Très variable suivant le commerce entrepris.

10° — Les employés de commerce peuvent-ils trouver des places dans votre province, et à quelles conditions ?

Commerce très restreint dans la province et par suite peu d'employés.

11° — Peut-on trouver dans votre province des emplois dans l'industrie minière et forestière ?

Dans la province, pas d'industrie forestière, seulement quelques carrières de pierres appartenant à des européens et exploitées par des indigènes.

13° — Y a-t-il place dans votre province pour des avocats, des professeurs libres, des architectes, des médecins, des pharmaciens, des sage-femmes, des vétérinaires, etc. ? — Non, pas dans la province.

14° — L'émigration des capitaux dans votre province est-elle désirable ?

L'émigration des capitaux serait certainement très désirable et pourrait, par un emploi judicieux, être productif dans de larges proportions.

15° — Sous quelle forme et à quel objet doivent-ils être employés ?
Soit en exploitation agricole, industrielle ou commerciale.

11° — Le prix moyen de la vie dans votre province est-il inférieur ou supérieur à ce qu'il est en France et dans quelle mesure?
— Cinquante pour cent plus cher.

XVI. — Province de Phué-Yên

1° — Convient-il d'envoyer des émigrants dans votre province ?
La province n'offre aucune ressource pour des émigrants européens, s'ils ne sont pas à la solde des concessionnaires.

2° — Peut-on y faire de la grande ou de la petite colonisation agricole ?
Pour le moment les grandes concessions n'ont eu de résultats qu'avec la culture du riz par métayage et encore sont-ils négatifs pour certains. Je crois la colonisation agricole européenne vouée à l'insuccès final.

3° — Quel genre de culture convient-il d'y pratiquer ?
Le riz seul, au moyen des indigènes, dont la mauvaise foi fait souvent éprouver des mécomptes aux colons employeurs.

4° — Quelle est l'importance des capitaux dont devra disposer le colon agriculteur ?
Cette question n'intéresse pas la province où toutes les concessions sont données ; néanmoins, à mon avis, seule une Société avec de forts capitaux peut avoir des chances de réussite dans une ex-exploitation agricole.

6° — Trouve-t-on dans votre province des emplois agricoles subalternes et dans quelles conditions ?
Il y a 2 emplois d'agents de cultures dans les concessions de la province et ces emplois sont occupés.

16° — Le prix moyen de la vie dans votre province est-il inférieur ou supérieur à ce qu'il est en France et dans quelle mesure ?
Tout est très cher dans la province, qui nouvellement créée n'a pas encore de centre important. — La vie est de beaucoup plus chère qu'en France.

XVII. — Province de Son-La

1° — Convient-il d'envoyer des émigrants dans votre province ?
Le climat du bassin de la Rivière Noire est trop malsain pour les européens. Des anciens colons, parmi ceux qui sont au Tonkin

depuis longtemps ont vainement tenté de s'y installer. Le manque de moyens de communications est aussi un obstacle sérieux.

2° — Peut-on y faire de la grande ou de la petite colonisation agricole ?

On ne pourrait y faire que de la grande colonisation agricole, mais il serait indispensable dans ce cas de faire venir la main-d'œuvre du delta tonkinois ou de Chine. Il ne faut pas compter sur la population clairsemée du pays qui est du reste apathique et réfractaire au travail salarié. Etant donné l'insalubrité du pays et la terreur que la Rivière Noire inspire aux indigènes, ce recrutement de la main-d'œuvre serait des plus laborieux.

3° — Quel genre de culture convient-il d'y pratiquer ?

En première ligne le stick-lak. Ensuite le coton, le café, le caoutchouc, etc...

4° — Qu'elle est l'importance des capitaux dont devra disposer le colon agriculteur ?

Une somme de cent mille francs serait nécessaire. Mais alors que je conseillerai cette entreprise dans une partie salubre du Tonkin, je ne peux que la déconseiller dans la province de Son-La, où les difficultés climatériques et autres sont trop nombreuses et où les résultats sont de ce fait trop aléatoires.

5° — Quel revenu peut-il espérer obtenir de ces capitaux ?

En cas de réussite les revenus seraient très satisfaisants mais il m'est difficile de donner des chiffres même approximatifs. Ces expériences n'ayant pas encore été faites dans la province je n'ai aucune base pour établir des prévisions.

6° — Trouve-t-on dans votre province des emplois agricoles subalternes et dans quelles conditions ? — Non.

7° — Serait-il avantageux de fonder des maisons de commerce dans votre province ?

Non pour les mêmes raisons données plus haut. Difficultés climatériques et autres.

8° — Y a-t-il lieu d'y créer des commerces spéciaux pour la vente au détail et quel serait approximativement le capital nécessaire ? — Non.

10° — Les employés de commerce peuvent-ils trouver des places dans votre province et à quelles conditions ? — Non.

11°—Peut-on trouver dans votre province des emplois dans l'industrie minière et forestière ?

Pas pour le moment. La province possède de nombreux gisements de cuivre, d'or, mais jusqu'à ce jour aucune exploitation n'a été tentée.

13° — Y a-t-il place dans votre province pour des avocats, des professeurs libres, des architectes, des médecins, des pharmaciens, des sage-femmes, des vétérinaires ? — Non.

14° — L'émigration des capitaux dans votre province est-elle désirable ? — Oui, au point de vue minier seulement.

15°—Sous quelle forme et à quel objet doivent-ils être employés? — Exploitation des mines.

16° — Le prix moyen de la vie dans votre province est-il inférieur ou supérieur à ce qu'il est en France, et dans quelle mesure? — Légèrement supérieur.

Appréciations personnelles :
Faire connaître que des mines de cuivre riches, sont disponibles dans la province.

XVIII. — Province de Yen-Bay

1° — Convient-il d'envoyer des émigrants dans votre province?
L'envoi d'émigrants jeunes, robustes, intelligents, ayant un métier et possédant un certain capital est désirable en tous points. En ce qui concerne plus particulièrement la province de Yen-Bay, très riche aux points de vue forestier et minier, il est à désirer qu'un assez grand nombre d'émigrants s'y établisse. Ce serait un bien et pour le colon et pour la province. La colonisation agricole ne pourrait donner de bons résultats qu'au bout d'un assez long temps et après des défrichements longs et coûteux.

2° — Peut-on y faire de la grande ou de la petite colonisation agricole ?
La grande et la petite culture sont possibles. Des mamelons boisés, défrichés convenablement, donneraient un sol fertile et d'une assez grande profondeur d'humus pour les cultures spéciales seulement, car il n'existe que très peu de plaines dans la province.

3° — Quel genre de culture convient-il d'y pratiquer ?
Le caoutchouc, qui, devenant de plus en plus rare, donne, avec peu de frais, un rendement rénumérateur ; le café, qui, comme tous les articles de grande consommation, est de vente facile ; l'arbre à papier, l'arbre à laque, l'abrasin qui vient à l'état sauvage, l'abacca vivant à l'état spontané, l'agave tonkinensis de grand rap-

port et demandant peu de soins, etc., etc. Enfin l'élevage des bœufs, buffles et porcs est possible dans la province.

4° — *Quelle est l'importance des capitaux dont devra disposer le colon agriculteur ?*

Il faut détruire cette légende qu'un colon agriculteur disposant d'un capital de quelques milliers de francs, s'installant dans une région où tout est à faire, tout à créer, fera rapidement fortune. Le nouveau colon doit savoir qu'il n'aura aucun bénéfice avant la 4° ou plutôt la 5° année. Il devra donc savoir et pouvoir attendre. Combien se sont découragés ou n'ont pu continuer lorsqu'ils étaient près du succès et sinon près de la fortune, tout au moins de l'aisance.

En aucun cas il ne devra posséder moins de 50.000 francs et il serait préférable que 2 colons disposant chacun de 25 à 30.000 fr. s'associassent plutôt que de s'établir tous deux séparément. Leur santé et leur caractère se maintiendront mieux et si l'un d'eux est obligé, pour une cause quelconque, de rentrer en France, les plantations ne souffriront point de son absence.

5° — *Quel revenu peut-il espérer obtenir de ces capitaux ?*

Il est très difficile de dire quel revenu le colon peut obtenir de ses capitaux. Jusqu'à présent, peu de planteurs, s'il y en a, ont fait fortune; ceux qui ont pu attendre les résultats de leurs efforts sont arrivés presque tous à une large aisance, qu'ils n'auraient pu, avec les mêmes capitaux engagés, espérer en France.

6° — *Trouve-t-on dans votre province des emplois agricoles subalternes et dans quelles conditions ?*

La province n'a pas de colons agriculteurs employant des européens.

7° — *Serait-il avantageux de fonder des maisons de commerce dans votre colonie ?*

La province étant peu peuplée et nouvelle, il n'y a pas lieu de fonder à Yen-Bay de nouvelles maisons de commerce.

9° — *Quelle est l'importance des profits que peut espérer un commerçant ?* — Peu de commerçants et résultats inconnus.

11° — *Peut-on trouver dans votre province, des emplois dans l'industrie minière et forestière ?*

La province est très riche en mines et en forêts, malheureusement ces richesses sont peu ou point exploitées.

Il y a là cependant un gros avenir, et c'est surtout vers l'exploitation des mines qu'un colon, possesseur de forts capitaux devra se tourner.

13° — Y a-t-il place dans votre province, pour des avocats, des professeurs libres, des architectes, des médecins, des pharmaciens, des sage-femmes, des vétérinaires, etc.?

Pas dans la province.

14° — L'émigration des capitaux dans votre province est-elle désirable ?

Oui. Il y a d'immenses richesses inexploitées, mines d'or, de cuivre, d'étain de calamite, de charbon, des gisements de pétrole et d'ardoises ont été découverts en maints endroits. L'agriculture et l'exploitation forestière en exigeant des capitaux infiniment moins forts que les mines sont plus à la portée de tous. Ce qui manque ici, tant à la Colonie qu'à la province — et surtout à cette dernière — ce sont des capitaux. Cette province jusqu'alors délaissée prendrait l'essor qu'elle mérite, le jour où l'argent affluerait vers elle. Le Fleuve Rouge, navigable toute l'année, et le chemin de fer, facilitent les transactions avec le Delta et permettent d'envoyer à peu de frais les produits récoltés ou extraits vers Hanoï ou Haïphong.

16° — Le prix moyen de la vie dans votre province est-il inférieur ou supérieur à ce qu'il est en France et dans quelle mesure ?

Le prix moyen de la vie (à façon de vivre égale) est sensiblement plus élevé qu'en France, (40 0/0 environ). Certains colons — mais ceci n'est pas à recommander — vivent à l'indigène et le prix est alors très faible, 50 à 60 francs par mois, non compris le personnel.

Appréciations personnelles :

Les Sociétés de propagande coloniale peuvent rendre de grands services à la condition de n'admettre que des renseignements de source autorisée. De bonne foi, certaines Sociétés ou Offices ont induit en erreur des gens qui n'ont trouvé dans les colonies où ils émigraient que déceptions et ruine.

Dans nos colonies, on ne peut rien faire sans capitaux sérieux. Le temps n'est plus où des aventuriers gagnaient des fortunes sur les terres lointaines.

En ce qui concerne la vallée du haut Fleuve Rouge et la province de Yen-Bay, je suis convaincu qu'il y a beaucoup à faire au point de vue de la mise en valeur du *sous-sol* et des applications industrielles des produits agricoles et forestiers. Mais, ce n'est qu'avec de gros capitaux que l'on arrivera à faire profiter la Colonie et la Métropole des richesses de cette région.

XIX. — Province de Tuyen-Quang

1° *Convient-il d'envoyer des émigrants dans votre province ?*

Non. La province de Tuyen-Quang n'est pas propice au peuplement européen, mais à l'exploitation seulement au moyen d'importants capitaux.

2° — *Peut-on y faire de la grande ou de la petite colonisation agricole ?*

Seule la grande colonisation agricole peut y être tentée, en se servant de la main-d'œuvre des indigènes et en favorisant le repeuplement des régions entièrement dévastées au temps de la piraterie.

3° *Quel genre de culture convient-il d'y pratiquer ?*

Riz de plaine, riz de montagne, maïs, légumes indigènes (haricots). Canne à sucre en plus petite quantité. (*Abacca*) citronelle.

4° — *Quelle est l'importance des capitaux dont devra disposer le colon agriculteur ?* — De 20 à 30,000 francs.

5° *Quel revenu peut-il espérer obtenir de ces capitaux ?*

Douze pour cent au bout de la 3ᵉ ou de la 4ᵉ année.

6° *Trouve-t-on dans votre province des emplois agricoles subalternes et dans quelles conditions ?*

Il n'en existe que deux à trois dans la province de Tuyen-Quang en service chez des planteurs.

7° — *Serait-il avantageux de fonder des maisons de commerce dans votre province ?*

La population de la province (20,000 habitants) ne représente pas un élément suffisant pour cet objet.

8° — *Y a-t-il lieu d'y créer des commerces spéciaux pour la vente au détail et quel serait approximativement le capital nécessaire ?*

Il existe déjà une maison de détail tenue par un européen qui suffit aux besoins, parallèlement à quelques maisons de détail chinoises.

9° — *Quelle est l'importance des profits que peut espérer un commerçant ?* — Profits peu rémunérateurs.

10° — *Les employés de commerce peuvent-ils trouver des places dans votre province et à quelles conditions ?*

Non, pas avant une dizaine d'années au moins en ce qui concerne Tuyen-Quang.

11° — *Peut-on trouver dans votre colonie des emplois dans l'industrie minière et forestière ?*

Il existe dans la province de Tuyen-Quang deux postes forestiers dont les titulaires appartiennent au Service général et qui viennent d'être nommés.

En ce qui concerne l'industrie minière, elle est encore nulle dans la province.

12° — A quelles conditions peut-on obtenir ces emplois et quels résultats peut-on en attendre ?

Il existe un recrutement des agents et fonctionnaires des services minier et forestier pour toute l'Indo-Chine.

Ces agents et fonctionnaires sont nommés par le Gouverneur général de l'Indo-Chine dans les conditions fixées par le règlement.

13° — Ya-t-il place dans votre province pour des avocats, des professeurs libres, des architectes, des médecins, des pharmaciens, des sage-femmes, des vétérinaires, etc. ?

Jusqu'à ce jour, les professions de cette nature n'ont eu de représentants que dans les grands centres du Tonkin, à Hanoï et à Haïphong. Ces professions ne seraient pas rétribuées suffisamment à Tuyen-Quang.

14° — L'émigration des capitaux dans votre province est-elle désirable ? — Oui.

15° — Sous quelle forme et à quel objet doivent-ils être employés ?

Presque uniquement à l'agriculture et à l'exploitation forestière et aux industries qui en découlent. Il y aurait place au Tonkin, et a *fortiori* en Indo-Chine, pour une banque de Crédit agricole.

16° — Le prix moyen de la vie dans votre province est-il inférieur ou supérieur à ce qu'il est en France et dans quelle mesure ?

Très inférieur pour la nourriture et pour le vêtement, dans la proportion d'environ un tiers.

Appréciations personnelles :

A mon avis, la province de Tuyen-Quang présente pour la grande exploitation agricole un vaste champ libre. La plupart des villages manquent de bras pour mettre en culture les terrains abandonnés autrefois pendant la piraterie. Une étude raisonnée du repeuplement de cette région par une main-d'œuvre quelconque ; des avances consenties à bon escient à cette main-d'œuvre guidée par une direction intelligente et énergique, assureraient aux capitaux européens un rendement rémunérateur.

La culture de l'abacca, des lianes à caoutchouc, du maïs peut y être développée sur de grands espaces, avec la population des villages de la province comme auxiliaire.

XX. — Province de Hanam

1° — Convient-il d'envoyer des émigrants dans votre province ?

La province de Hanam est une des provinces les plus peuplées du Tonkin ; elle est presque entièrement cultivée en rizières. Il y a donc peu de place dans la région pour les entreprises européennes.

2° — Peut-on y faire de la grande ou de la petite colonisation agricole ?

Il y a, dans la partie montagneuse de la province qui avoisine la région de Chi-nè, des terrains qui se prêtent bien à la colonisation agricole, grande ou petite.

3° — Quel genre de culture convient-il d'y pratiquer ?

Les colons actuellement installés dans la région se livrent principalement à la culture du café et à l'élevage.

4° — Quelle est l'importance des capitaux dont devra disposer le colon agriculteur ?

Un minimum de trente à quarante mille francs me paraît nécessaire, même pour une exploitation d'étendue très moyenne. En effet, les cultures auxquelles peuvent se livrer les colons exigent des travaux relativement coûteux ; d'autre part, le rendement des plantations doit être attendu assez longtemps. (Le café ne commence à produire qu'au bout de la 3ᵉ année).

5° — Quel revenu peut-il espérer obtenir de ses capitaux ? — 5 à 10 0/0.

6° — Trouve-t-on dans votre colonie des emplois agricoles subalternes et dans quelles conditions ? — Non.

7° — Serait-il avantageux de fonder des maisons de commerce dans votre province ?

Le gros commerce (riz et maïs) est surtout fait ici par les Chinois qui agissent souvent pour le compte de maisons européennes.

L'agent européen ne peut guère se substituer à l'agent chinois qui se contente d'un bénéfice moindre et qui a plus de facilités naturelles pour entrer en relations avec les indigènes.

8° — Y a-t-il lieu d'y créer des commerces spéciaux pour la vente au détail et quel serait approximativement le capital nécessaire ? — Non.

10° — Les employés de commerce peuvent-ils trouver des places dans votre province et à quelles conditions ?

Les militaires libérés du service fournissent aux maisons de commerce les agents dont elles ont besoin.

11° — Peut-on trouver dans votre province des emplois dans l'industrie minière et forestière?

Il n'y a ni mines, ni forêts dans la province de Hanam.

13° — Y a-t-il place dans votre province pour des avocats, des professeurs libres, des architectes, des médecins, des pharmaciens, des sage-femmes, des vétérinaires, etc.?

La profession d'avocat est réglementée en Indo-Chine. Quant aux professeurs, architectes, médecins, etc., ils sont déjà légion au Tonkin et suffisent abondamment aux besoins de la population européenne et indigène.

14° — L'émigration des capitaux dans votre province est-elle désirable ? — Oui.

16° — Le prix moyen de la vie dans votre province est-il inférieur ou supérieur à ce qu'il est en France et dans quelle mesure?

Le prix de la vie est à peu près le même qu'en France, mais il varie beaucoup suivant les régions que l'on occupe et le genre de vie que l'on adopte.

Appréciations personnelles :

Les sociétés de propagande coloniale ont le devoir d'éclairer les jeunes gens qui, nourris d'illusions, croient trouver dans la colonie un avenir souvent facile et toujours brillant. Il faut au colon des capitaux nombreux et des connaissances très étendues. Les meilleures places ont été prises et ceux qui viennent au Tonkin ont à lutter contre une concurrence très puissante et solidement établie.

XXI. — Province de Thaï-Nguyèn

1° — Convient-il d'envoyer des émigrants dans votre province?

Il n'y a pas de place, dans cette région, pour l'émigrant, du moins au point de vue agricole. La plus grande partie des territoires disponibles ont été accaparés à la suite des arrêtés du 7 et du 18 août 1899, organisant les concessions agricoles au Tonkin.

Les rares terres encore libres se trouvant disséminées ne justifieraient pas une entreprise sérieuse, si elles n'étaient d'ailleurs réservées, en principe, aux indigènes, mais des capitaux pourraient, sans doute, trouver utilement à s'employer dans quelques-unes des entreprises actuelles.

6° — Peut-on trouver dans votre province des emplois dans l'industrie minière et forestière ?

L'industrie minière est au contraire appelée à prendre, dans cette région, un très grand avenir. Le sous-sol est en effet excessivement riche. On y trouve presque à fleur de terre, de l'or, de l'argent, du zinc, du plomb argentifère, du fer, du charbon.

Toutefois il convient d'ajouter qu'on est encore dans la période des recherches et tâtonnements et que l'émigration ne peut, jusqu'à présent, trouver de débouchés.

On ne saurait, en revanche, trop engager les capitaux à se tourner de ce côté. Le développement des moyens de transport a déjà commencé à les attirer et il n'est pas douteux que l'industrie minière ne prenne dans un avenir prochain un très rapide essor.

XXII. — Province de Bac-Giang

1° — Convient-il d'envoyer des émigrants dans votre province ?
— Non.

2° — Peut-on y faire de la grande ou de la petite colonisation agricole ?

Plusieurs essais de grande colonisation ont été entrepris dans cette province et ont absorbé des capitaux considérables. Il ne s'agissait pas de grandes cultures comme on l'entend dans d'autres colonies, soit de peuplement comme le Canada ou le Far West, ou de cultures riches comme à Cuba, Java ou Ceylan.

Des territoires abandonnés ont été donnés en concession à des colons qui ont entrepris de les remettre en valeur par le système de métayage. Ces tentatives ont causé de gros déboires et si, par de gros sacrifices, de longues années de travail persévérant, certains ont réussi à se faire des revenus, nous ne conseillerons à personne de renouveler ces tentatives. Les grandes concessions sont destinées à disparaître dans un avenir plus ou moins éloigné ; elles reviendront aux anciens habitants par voie de rachat ou par des ventes payables à longs termes.

D'ailleurs, le Gouvernement ne donnera plus de grandes concessions dans la province par la raison que les indigènes, dont le nombre s'accroît de jour en jour, sont déjà à l'étroit dans leurs villages.

Pour la petite culture, il ne faut pas en parler, aucun européen ne pouvant vivre et encore moins travailler comme le font les indigènes installés sur leur petite propriété familiale.

3° — Quel genre de culture convient-il d'y pratiquer ?
Aucune pour des européens, soit directe, soit indirecte.

5° — Quel revenu peut-on espérer obtenir de ces capitaux ?

Il n'y a aucune base sur laquelle on puisse s'appuyer pour faire cette évaluation.

6° — Trouverait-on dans votre province des emplois agricoles subalternes et dans quelles conditions ?

Il y a quelques européens employés dans les concessions de la province comme surveillants, gérants, etc. Ce sont généralement des parents des propriétaires ou des personnes habitant depuis longtemps la colonie, connaissant la langue du pays.

Un cultivateur ou valet de ferme de profession n'aurait aucune chance de trouver à s'employer ici.

7° — Serait-il avantageux de fonder des maisons de commerce dans votre province ?

Certainement non. Tout le commerce de détail est entre les mains des chinois ou des indigènes.

De très puissantes maisons, des syndicats à millions formant de véritables trusts pour la vente des objets de consommation français ou l'achat des produits industriels ou naturels, ont des succursales ou des représentants dans tous les centres ; ce serait folie pour des petites bourses de songer à leur faire concurrence.

8° — Y a-t-il lieu d'y créer des commerces spéciaux pour la vente au détail, et quel serait approximativement le capital nécessaire ?
— Non.

9° — Quelle est l'importance des profits que peut espérer un commerçant ?

Impossible de répondre pour les raisons données ci-dessus.

10° Les employés de commerce peuvent-ils trouver des places dans votre province et à quelles conditions ?

Les employés de commerce sont les gens les plus difficiles à placer dans la colonie. Il y en a quelques-uns qui ont réussi à se faire une situation parce qu'ils sont entrés dans des maisons dès leur début et ont suivi leur patron pendant de longues années. Ceux-ci augmentaient les appointements de leurs employés et finissaient parfois par les intéresser ou les prendre comme associés. Mais c'est une exception. Combien se sont trouvés sans place par suite de déconfiture ou de décès ? Ces malheureux étaient généralement recueillis par l'Administration qui leur confiait de petits emplois en attendant qu'ils puissent se faire rapatrier. Aujourd'hui, il y a un grand nombre de gens sans travail, surtout dans les grandes villes. On paie très peu les employés de commerce; il y a 10 candidats pour une place infime. Dans ma province, la situation est pire ; impossible même de caser provisoirement les employés méritants et dignes d'intérêt licenciés pour une cause ou pour une autre.

13°—Y a-t-il place dans votre province pour des avocats, des professeurs libres, des architectes, des médecins, des pharmaciens, des sage-femmes, des vétérinaires, etc. ?

Aucune situation à offrir dans la province à des gens exerçant des professions libérales. Tous les services, tels qu'instruction publique, médecine, pharmacie, vétérinaire, etc., sont assurés pour longtemps par l'Administration. Ce sont les avocats de Hanoï ou de Haïphong, dont le nombre est fixé par arrêté, qui viennent plaider les rares affaires qui nécessitent leur concours.

14° — L'émigration des capitaux dans votre province est-elle désirable ?

Oui, le Tonkin a toujours manqué d'argent. Lorsqu'on sait le placer dans de bonnes affaires, on peut être certain qu'il rapportera beaucoup.

15° — Sous quelle forme et à quel objet doivent-ils être employés?

A doter la province des industries et de l'outillage qui lui font encore défaut.

Parmi les industries qui ont été ainsi créées, on peut citer : 3 filatures de coton. Il y a encore place pour 3 ou 4 usines. Une fabrique de ciment artificiel Portland; des usines électriques ; une fabrique de savon ; les mines de charbon de Hone Gaye ; des imprimeries ; des fabriques d'allumettes, de tabacs, de meubles ; des scieries, etc.... Une fabrique de papier est en construction. Il y a deux écueils à éviter : le premier, c'est l'installation d'une fabrique sans s'être assuré d'avoir régulièrement les matières premières pour l'alimenter. Ainsi, nous avons à Bac-Giang une féculerie qui ne deviendra prospère que lorsque le manioc qu'elle transforme sera produit en quantité assez considérable pour qu'elle ne chôme pas une grande partie de l'année. Le deuxième écueil, c'est une concurrence trop grande. Nous citerons le cas suivant : un colon très intelligent monte une fabrique d'albumine. Voyant qu'il fait de belles affaires, d'autres colons fondent deux, trois, dix albumineries. Résultat : surproduction, avilissement des prix, ruine pour la plupart. Il reste à peine une ou deux fabriques qui végètent parce que le prix des œufs de canard a augmenté au moment des grandes demandes et n'a pas diminué.

Il y a encore à créer des blanchisseries à vapeur, des tonnelleries, des fonderies, des hauts fourneaux, une ou deux boulangeries Schweitzer, des filatures de soie, des entreprises de tramways, etc.

Plus des industries demandent de capitaux, plus il y a de chance d'éviter la concurrence. On comprend qu'on risquera facilement

30 ou 40.000 fr. pour une installation ne demandant pas de grands frais et qu'on y regardera à deux fois avant d'essayer de concurrencer par exemple une fabrique de ciment qui s'est montée par actions avec 500.000 francs ou un million de capital.

16°— *Le prix moyen de la vie dans votre province est-il inférieur ou supérieur à ce qu'il est en France et dans quelle mesure ?*

La vie est très chère au Tonkin, plus du double de France ; les produits de consommation ne sont guère plus élevés, c'est vrai ; mais il faut tenir compte du climat et des conditions de la vie. Les loyers sont très élevés, de vastes chambres sont indispensables ; il faut de nombreux serviteurs, des voitures, des pousses-pousses ; il faut se soigner, prendre des précautions, acheter pour ainsi dire l'air, le froid, l'eau, etc....

Il y a, en plus, beaucoup de risques à courir: maladie, anémie, nécessitant le rapatriement de soi-même ou des siens.

Les petites bourses sont très malheureuses et pour végéter et se priver de tout, autant rester dans des conditions modestes en France.

Appréciations personnelles :

Il y a actuellement trop de monde au Tonkin, étant donné que ce n'est pas une province de peuplement.

Autant on peut encourager un jeune homme, ingénieur, spécialiste, contremaitre, comptable expérimenté, chef de chantier, mécanicien, électricien, etc., à s'expatrier s'il est certain d'avoir un engagement avantageux, autant il faut détourner l'employé, l'émigrant, même s'il possède un petit capital. Plus cela ira, plus les places seront rares ; car il faut tenir compte de l'évolution qui se produit chez l'annamite, comme chez les jaunes en général.

L'instruction fait de grands progrès, les écoles professionnelles ont formé des ouvriers très habiles qui n'ont rien à envier aux Japonais, comme intelligence, et sont plus maniables.

L'Administration a ouvert ses portes à l'élément indigène ; dans très peu de temps, tous les emplois subalternes seront occupés par eux ; ils peuvent même déjà aspirer à des postes plus élevés. Nous avons des élèves indigènes sortant des écoles du Gouvernement et à qui on devra réserver des emplois auxquels leurs grades, leur savoir, leur intelligence donneront des droits déjà reconnus en principe.

Dans le personnel européen, une sélection est à prévoir, il ne restera en place, dans quelque vingt ans, que l'élite, la partie dirigeante. Le même phénomène s'est produit aux Indes Anglaises.

Dans l'industrie, les ouvriers et employés français seront peu à peu éliminés.

Dans les chemins de fer, c'est déjà fait: mécaniciens, chefs de trains, de gare ou de station, distributeurs de billets, etc., tout est annamite.

A Phu-Lang-Thuong, la Compagnie du chemin de fer Hanoï-Frontière de Chine, possède de beaux et vastes ateliers de construction et de réparation.

Sur un personnel de 750 à 800 ouvriers chinois et annamites, on compte 6 à 7 français, tout au plus, tenant les emplois de directeur, d'ingénieurs, de chefs d'atelier et de caissier-comptable.

Les Sociétés fondées pour l'encouragement de l'émigration dans nos provinces, devront bien tenir compte de ce qui précède; les temps sont bien changés depuis quelques années et il faut envisager l'avenir.

On doit se montrer prudent lorsqu'il s'agit de l'Indo-Chine et du Tonkin en particulier.

XXIII — Province de Lang Son

1° — Convient-il d'envoyer des émigrants dans votre province ?
Pas dans la province de Lang-Son, faute d'emplois à remplir.

2° — Peut-on y faire de la grande ou de la petite colonisation agricole ?
Pas dans laprovince, en raison du manque absolu de main-d'œuvre.

7° — Serait-il avantageux de fonder des maisons de commerce dans votre province ?
Quelques représentants de commerce à Lang-Son déjà établis font peu d'affaires.

8° — Y a-t-il lieu d'y créer des commerces spéciaux pour la vente au détail, et quel serait approximativement le capital nécessaire ?
Une maison de détail vient de s'établir, elle fait encore peu d'affaires.

10° — Les employés de commerce peuvent-ils trouver des places dans votre province et à quelles conditions ? — Non.

11° — Peut-on trouver dans votre province des emplois dans l'industrie minière et forestière ?
Aucune mine en exploitation ; peu de prospection.

13° — Y a-t-il place dans votre province pour des avocats, des professeurs libres, des architectes, des médecins, des pharmaciens, des sage-femmes, des vétérinaires, etc. ?
Pas à Lang-Son en l'état actuel des choses.

14° — L'émigration des capitaux dans votre province est-elle désirable ? — Oui.

15° — Sous quelle forme et à quel objet doivent-ils être employés?
Développement de la culture de la badiane, installation de distilleries de ce produit, culture du coton, élevage.

16° — Le prix moyen de la vie dans votre province est-il inférieur ou supérieur à ce qu'il est en France et dans quelle mesure?
Sensiblement supérieur, 120 francs par mois de pension, 70 fr. un logement de trois pièces et dépendances.

XXIV. — Province de Backan

1° — Convient-il d'envoyer des émigrants dans votre province ?
La province de Backan, nouvellement formée (5 ans) est le nœud orographique du Tonkin Nord, extrêmement boisée, plus de 40.000 hectares; elle est à peine remise de l'occupation par les bandes chinoises qui la saccagèrent pendant de longues années. Son climat est rude et relativement changeant, les émigrants même agriculteurs, ont peu de chance d'y réussir à moins d'avoir des capitaux et une énergie indémontable.

2°. — Peut-on y faire de la grande ou de la petite colonisation agricole ?
Il existe peu de terres vacantes pour la culture du riz, mais il y a de grandes étendues propres à la culture du maïs, de la canne à sucre, du riz de montagne, des patates, des haricots. La grande colonisation pourrait réussir, mais les premiers temps seraient pénibles, à cause de la rareté, de la cherté et de l'instabilité de la main-d'œuvre. La petite culture permettrait de vivre à des gens rudes.

3° — Quel genre de culture convient-il d'y pratiquer ?
La fertilité de la province est extrème, toutes les cultures ci-dessus, plus le tabac, le coton, le sarrazin, le millet ; le maïs réussit admirablement ; il y a là, avec les débouchés sur la France, une source de fortune, mais beaucoup de peines et de travail en perspective et actuellement des difficultés de transport qui pourront disparaître.

4° — Quelle est l'importance des capitaux dont devra disposer le colon agriculteur ?
Un colon agriculteur ne pourrait commencer avec moins de 20.000 fr. en raison de l'installation, des défrichements et des premières années peu productives.

5° — Quel revenu peut-il espérer obtenir de ces capitaux ?

Difficile à apprécier actuellement ; mais pas moins de 8 à 10 0/0. La vie serait assurée avec de l'ordre, de l'économie et du travail.

6° — Trouve-t-on dans votre province des emplois agricoles subalternes et dans quelles conditions ?

Non, car il n'existe pas d'exploitations agricoles européennes.

7° — Serait-il avantageux de fonder des maisons de commerce dans votre colonie ?

Non, une seule place était à prendre récemment dans ce sens, au chef-lieu, à Backan, et elle est prise aujourd'hui.

8° — Y a-t-il lieu d'y créer des commerces spéciaux pour la vente au détail et quel serait approximativement le capital nécessaire ?

Aucune chance de réussir, les indigènes n'achètent que de la bimbeloterie étrangère vendue à bas prix par les colporteurs chinois.

9° — Quelle est l'importance des profits que peut espérer un commerçant ?

La région est exploitée par des représentants mobiles de maisons d'Hanoï ; ils réalisent certainement des gains avec les céréales et les produits forestiers mais on ne peut fixer un quantum.

10° — Les employés de commerce peuvent-ils trouver des places dans votre province et à quelles conditions ?

Non, pas de maisons de commerce européenne. Les chinois ont tout le petit commerce et il est impossible de lutter contre eux.

11° — Peut-on trouver dans votre province des emplois dans l'industrie minière et forestière ?

Pas actuellement, mais dans l'avenir, lorsque les voies de communication rapides et peu coûteuses mettront la province en rapport direct avec le Delta, l'exploitation de ses immenses forêts et de son riche sous-sol donnera de magnifiques résultats.

13° — Y a-t-il place dans votre province pour des avocats, des professeurs libres, des architectes, des médecins, des pharmaciens, des sage-femmes, des vétérinaires, etc... ?

L'assistance médicale est organisée ; les indigènes n'ont pas confiance dans la médecine européenne ; ils apprécient cependant certains médicaments usuels dont ils ont reconnu l'effet rapide.

14° — L'émigration des capitaux dans votre colonie est-elle désirable ? — Sous quelle forme et à quel objet doivent ils être employés ?

Absolument : 1° pour créer un railway ; 2° pour exploiter les forêts, les mines et les terres mamelonnées vacantes très fertiles.

Appréciations personnelles :

Il semble que les sociétés de propagande coloniale aient peu à faire ; le premier besoin de la province est d'être mise en communication avec Hanoï et le Delta pour l'écoulement de ses produits. Seul, le Gouvernement pourrait accomplir cette œuvre en décidant la construction de la ligne Dong-Khé Thai-Nguyên Backan, Nganson, Caobang, mais ses besoins sur la ligne de Yunnansen ne permettent pas de penser qu'il puisse s'occuper avant de longues années du Nord du Tonkin. Jusque-là, à part quelques petits colons énergiques, très énergiques, il y peu de chances de se tirer d'affaire. Les seuls colons qui puissent réussir ici sont des fanatiques de la terre, comptant plus sur eux que sur les autres et acharnés au travail. La province n'étant pas un pays de peuplement, l'œuvre des sociétés de propagande ne peut donner de sérieux résultats ; ces sociétés en revanche peuvent dissiper beaucoup d'illusions. Pour réussir ici comme agriculteur, il faudrait, outre quelques fonds, une fermeté et une sobriété à toute épreuve, se faire aux vivres du pays, au riz notamment et au maïs, travailler avec acharnement pendant plusieurs années, faire preuve d'une endurance et d'un espoir absolus. Trouverait-on beaucoup de ces hommes-là, de ces pionniers, de ces squatters (c'est bien le mot) pour venir ici au milieu de populations assez fermées, sous un climat funeste et sans perspective d'arriver à la fortune tout au plus à un bien-être relatif ?

Peut-être la misère des temps décidera-t-elle un certain nombre de gens à s'expatrier dans nos contrées, mais elles feront bien avant de venir, de faire provision de courage et de patience.

XXV. — 2ᵐᵉ Territoire Militaire

1° — Convient-il d'envoyer des émigrants dans votre territoire ?
— Non.

2° — Peut-on y faire de la grande ou de la petite colonisation agricole ?

Bien que de grands espaces de terrain soient incultes et couverts de brousse et par conséquent pourraient être concédés gratuitement à des Européens, la petite colonisation agricole ne semble pas devoir réussir dans le 2ᵐᵉ Territoire Militaire, du moins pour le moment. Cela tient :

1° A la difficulté des communications qui ne permettrait pas d'écouler les produits avec bénéfice ;

2° A ce que seules des cultures riches, c'est-à-dire donnant des produits relativement chers sous un poids réduit pourraient être entreprises actuellement, étant donné que les terrains les plus propices à la culture des céréales, sont tous occupés. Or ces cultures riches ne sont pas rapidement rémunératrices ; elles demandent une première mise de fonds considérable et par conséquent ne peuvent convenir à de petits colons.

Par contre la grande colonisation, c'est-à-dire, celle qui dispose de grands moyens pourrait peut-être réussir en pratiquant l'élevage concurremment avec les cultures riches. Mais il serait imprudent de l'affirmer, car jusqu'ici aucun essai concluant n'a encore été fait.

Si malgré ces considérations un colon, disposant de capitaux, voulait tenter d'installer une exploitation agricole, il pourrait se livrer aux cultures indiquées au paragraphe suivant.

3° — Quel genre de culture convient-il d'y pratiquer ?

Il est bien entendu que les céréales d'Europe blé, avoine, orge et seigle n'ont aucune chance de réussite. Le maïs, le sarrazin et le riz, donnent de bons résultats. Mais presque tous les terrains actuellement susceptibles d'être cultivés en riz sont occupés ; ceux qui ne le sont pas sont de médiocre qualité et disséminés dans toute l'étendue du territoire. Il n'y a pas de place pour un Européen qui voudrait faire la culture du riz. Par contre les terrains propices à la culture du maïs sont très nombreux.

Le café peut réussir, il en existe une plantation de 500 pieds à Ta-Lung qui donne de bons résultats.

La canne à sucre pousse bien dans la région.

Des essais de culture de badiane et de thé sont faits actuellement dans le territoire. Il y a tout lieu de croire qu'ils réussiront, car ces cultures prospèrent dans les régions voisines.

6° — Trouve-t-on dans votre territoire des emplois agricoles subalternes et dans quelles conditions ? — Non.

7° — Serait-il avantageux de fonder des maisons de commerce dans votre territoire ?

Une maison de commerce qui chercherait à exploiter non seulement le 2ᵐᵉ Territoire, mais toute la région jusqu'à Long-Tchéou aurait des chances de réussir.

Cette maison devrait d'abord installer un service de transports judicieusement compris en utilisant pour les marchandises lourdes la voie d'eau du Song-Ki-Kong et du Song-Bang-Giang et employer seulement la voie de terre pour les marchandises de luxe.

Il est vrai que la voie d'eau a le grave inconvénient de traverser le territoire chinois, mais en installant une succursale à

Long-Tchéou, qui deviendrait pour ainsi dire le centre des transactions, cet inconvénient disparaîtrait. L'établissement à installer serait plutôt une entreprise de transports doublée d'une maison de gros.

Elle ne devrait pas s'occuper de la vente au détail, mais être simplement le fournisseur de toutes les petites maisons françaises, chinoises et annamites déjà installées dans le pays.

En ne cherchant pas à leur faire concurrence, en s'associant au contraire avec elles, il arriverait certainement à les avoir toutes pour clientes, grâce au bon marché de ses transports.

Il pourrait d'ailleurs se les attacher très vite en leur donnant de grandes facilités de crédit, sans grands risques d'ailleurs, car les chinois sont des commerçants très sérieux.

8° — Y a-t-il lieu d'y créer des commerces spéciaux pour la vente au détail et quel serait approximativement le capital nécessaire ?

Quant au capital nécessaire à l'installation de l'entreprise, je crois qu'il ne devrait pas être inférieur à 500.000 francs.

9° — Quelle est l'importance des profits que peut espérer un commerçant ?

Le commerce porterait sur tous les articles d'exportation aux colonies, bimbeloterie, quincaillerie, toiles, conserves, etc.... La maison pourrait d'ailleurs s'occuper utilement des achats de maïs, badiane, caoutchouc à faire dans le pays par l'intermédiaire de ses commerçants au détail et s'assurer un frêt d'exportation.

Il est difficile de fixer l'importance des profits que l'entreprise donnerait par un chiffre, mais je crois que les bénéfices ne seraient pas inférieur à 50.000 francs.

10° — Les employés de commerce peuvent-ils trouver des places dans votre territoire et à quelles conditions ? — Actuellement non.

11° — Peut-on trouver dans votre territoire des emplois dans l'industrie minière et forestière ?

L'industrie minière prend de jour en jour de l'extension dans le territoire, et peut-être des Européens pourraient-ils y trouver des emplois. Les mines sont entre les mains de plusieurs sociétés qui sont :

La Société des Mines d'Etain de Cao-Bang.

La Société des Mines d'Etain du Haut-Tonkin.

La Société Anonyme Industrielle et Minière de l'Indo-Chine.

12° — A quelles conditions peut-on obtenir ces emplois et quels résultats peut-on en attendre ?

Les Européens qui désireraient avoir des emplois dans les mines devront s'adresser à ces sociétés qui leur donneront tous les renseignements sur les résultats à attendre.

13° — Y a-t-il place dans votre territoire pour des avocats, des professeurs libres, des architectes, des médecins, des pharmaciens, des sage-femmes, des vétérinaires, etc. ? — Non.

14° — L'émigration des capitaux dans votre territoire est-elle désirable ? — Oui.

15° — Sous quelle forme et à quel objet doivent-ils être employés ?

Nous avons indiqué les deux entreprises qui nous semblaient devoir le mieux réussir dans la région : Maison de commerce de gros, et mines. L'une de ces entreprises serait à créer, l'autre dispose déjà de capitaux qui devront sans doute être augmentés, au fur et à mesure du développement de l'exploitation.

16° — Le prix moyen de la vie dans votre territoire est-il inférieur ou supérieur à ce qu'il est en France et dans quelle mesure ?

Le prix moyen de la vie est à peu près égal à ce qu'il est en France.

XXVI. — 3ᵐᵉ Territoire Militaire

1° — Convient-il d'envoyer des émigrants dans votre territoire ?

Le 3ᵉ Territoire Militaire ne convient pas pour l'installation des émigrants. Le climat y est malsain. Les terrains propres à la culture suffisent à peine à produire les denrées indispensables aux indigènes de la région.

2° — Peut-on y faire de la grande ou de la petite colonisation agricole ?

Non; pour les raisons données ci-dessus.

Dans le cercle de Ha-Giang, un européen ayant obtenu une concession, a voulu tenter la culture du café. Les résultats obtenus ne sont pas satisfaisants. Le pays, très accidenté, ne convient pas non plus à l'élevage du bétail.

Dans le cercle de Bao-Lac, un européen cultive sur une concession de 200 hectares, du maïs et du paddy. Il lui est impossible de tenter l'exportation dans le delta, par suite de la difficulté des communications.

3° — Quel genre de culture convient-il d'y pratiquer ?

On ne peut cultiver que le riz, le maïs et un peu de canne à sucre.

4° — Quelle est l'importance des capitaux dont devra disposer le colon agriculteur ?

Pour les raisons données ci-dessus, il n'y a pas lieu d'engager des colons disposants de capitaux à venir s'installer dans le territoire.

6° — Trouve-t-on dans votre territoire des emplois agricoles subalternes, et dans quelles conditions ? — Non.

7° — Serait-il avantageux de fonder des maisons de commerce dans votre territoire ?

Non, les transactions faites avec les indigènes sont nulles.

8° — Y a-t-il lieu d'y créer des commerces spéciaux pour la vente au détail, et quel serait approximativement le capital nécessaire ? — Non.

10° — Les employés de commerce peuvent-ils trouver des places dans votre territoire et à quelles conditions ? — Non.

11° — Peut-on trouver dans votre territoire des emplois dans l'industrie minière et forestière ?

Pas de mine exploitée. L'industrie forestière ne peut être faite que par les indigènes par suite des difficultés que présente le terrain et du climat malsain.

13° — Y a-t-il place dans votre territoire pour des avocats, des professeurs libres, des architectes, des médecins, des pharmaciens, des sage-femmes, des vétérinaires, etc. ? — Non.

14° — L'émigration des capitaux dans votre colonie est-elle désirable ? — Non.

16° — Le prix moyen de la vie dans votre territoire est-il inférieur ou supérieur à ce qu'il est en France et dans quelle mesure ?

Le prix moyen de la vie est d'environ le double de ce qu'il est en France.

XXVII — 4ᵐᵉ Territoire Militaire

1° — Convient-il d'envoyer des émigrants dans votre territoire ?

Oui, les émigrants trouveraient, dans le 4° territoire militaire à s'occuper surtout de commerce, et assez peu d'agriculture et d'élevage.

2° — Peut-on y faire de la grande ou de la petite colonisation agricole ?

La nature du pays, montagneux, coupé et boisé, où les vallées cultivables sont occupées par les Thaïs, ne permet de faire que de la petite colonisation et un peu d'élevage.

3° — Quel genre de culture convient-il d'y pratiquer ?

On pourrait cultiver le maïs, le café, le thé, l'opium et faire l'élevage des chevaux, des bœufs et peut-être celui du mouton à Pakha, Muong-Khuong et Philong.

4° — Quelle est l'importance des capitaux dont devra disposer le colon agriculteur ?

Si le colon pouvait trouver la main-d'œuvre nécessaire, ce qui est difficile dans le pays, il lui faudrait au moins vingt à trente mille francs pour coloniser avec succès.

5° — Quel revenu peut-il espérer obtenir de ces capitaux ?

Aucune expérience autre que celle de M. Lichtenfelder à Ta-Ho-Ti n'ayant été tentée, il est assez difficile de le dire. M. Lichtenfelder, fonctionnaire à la direction d'agriculture à Hanoï, pourrait donner des renseignements à ce sujet.

6° — Trouve-t-on dans votre territoire des emplois agricoles subalternes et dans quelles conditions ?

On ne peut pas trouver dans le 4ᵉ territoire d'emplois agricoles subalternes.

7° — Serait-il avantageux de fonder des maisons de commerce dans votre territoire ?

La fondation de maisons de commerce peut parfaitement réussir à Laokay. L'ouverture de la voie ferrée de Laokay à Mongtsé et à Yunnansen permet d'espérer que le commerce du Yunnan se développera. Des maisons se sont fondées à Mongtsé, d'autres veulent s'établir à Yunnansen. Il y a beaucoup de places à prendre au point de vue commercial. L'opium, l'étain, les filés de coton, les articles européens à bon marché, etc., seront les principaux articles d'échange.

8° — Y a-t-il lieu d'y créer des commerces spéciaux pour la vente au détail et quel serait approximativement le capital nécessaire ?

Le commerçant qui viendrait actuellement à Laokay y trouverait des concurrents. Il devrait tenir, pour la vente au détail, tous les articles du commerce colonial. Le capital nécessaire pour créer une maison de ce genre devrait être d'environ cinquante mille francs.

9° — Quelle est l'importance des profits que peut espérer un commerçant ?

Un commerçant dont la maison serait bien tenue peut espérer faire une fortune moyenne au bout de dix ans environ.

10° — Les employés de commerce peuvent-ils trouver des places dans votre territoire et à quelles conditions ?

Les employés de commerce peuvent trouver des situations de trois à cinq cents francs par mois dans les maisons existantes à Laokay et à Hokiou (ville chinoise en face de Laokay).

11° — Peut-on trouver dans votre territoire des emplois dans l'industrie minière et forestière ?

Non, pas dans le 4ᵉ territoire militaire où les industries minière et forestière n'ont pas encore été créées par des européens.

13° — Y a-t-il place dans votre territoire pour des avocats, des professeurs libres, des architectes, des médecins, des pharmaciens, des sage-femmes, des vétérinaires, etc. ?

Le centre urbain de Laokay n'est pas encore assez important pour que les professions précitées puissent y être exercées.

14° — L'émigration des capitaux dans votre territoire est-elle désirable ?

Oui, parce que toute colonisation, tout commerce et toute industrie ont pour premier besoin des capitaux suffisants pour être créés.

15° — Sous quelle forme et à quel objet doivent-ils être employés ?

Sous toutes les formes, dans l'industrie minière, la filature du coton et de la soie, la brasserie, l'élevage, les chemins de fer, l'irrigation des terres incultes, l'exploitation des forêts, la culture du thé, du jute, etc.

16° — Le prix moyen de la vie dans votre territoire est-il inférieur ou supérieur à ce qu'il est en France et dans quelle mesure ?

Le prix de la vie est généralement supérieur à ce qu'il est en France, il faut compter deux cents cinquante francs par mois pour un homme vivant simplement à Laokay.

Appréciations personnelles :

Les Sociétés de propagande coloniale pourraient surtout inciter les capitaux français à émigrer dans nos colonies. Il reste beaucoup à faire, principalement au point de vue du développement du commerce, de l'industrie et de la navigation commerciale.

CONCLUSION

Nous disions, dans notre livre *Doit-on aller aux colonies ?* que l'Indo-Chine étant essentiellement une colonie de commerce et d'exploitation, les émigrants européens ne devaient point songer à aller s'y établir. Non seulement le climat s'oppose à ce que les blancs puissent se livrer dans ce pays à un travail manuel continu, mais tout ce qu'il y a à faire en Indo-Chine l'a déjà été, ou le sera, par des Annamites et par des Chinois.

Si variées, — et parfois si contradictoires, — que soient les opinions qu'on vient de lire, elles ne modifient en rien cette appréciation.

Au point de vue agricole, nos correspondants nous indiquent quelles sont les cultures qui peuvent être pratiquées au Tonkin, s'il existe des terres vacantes dans leurs circonscriptions respectives, et si un européen peut y demander une concession. Mais ils ne cachent pas les difficultés de toute sorte qui attendent le colon agriculteur.

« Des territoires abandonnés ont été donnés en concession à des colons qui ont entrepris de les remettre en valeur par le système du métayage, dit M. l'administrateur-résident à Bac-Giang dont la réponse est une des plus complètes et des plus intéressantes. Ces tentatives ont causé de gros déboires, et si par de gros sacrifices, de longues années de travail persévérant, certains ont réussi à se faire des revenus, nous ne conseillerons à personne de renouveler ces tentatives. »

D'autre part, la note exacte nous paraît être donnée par M. l'administrateur-résident à Haïduong, lorsqu'il définit le genre de colonisation agricole qui peut être pratiqué au Tonkin : « La grande colonisation agricole convient seule. Par grande colonisation, j'entends la mise en valeur *par la main-d'œuvre indigène* de surfaces variant de deux à quatre ou cinq mille hectares, par des capitaux représentés, guidés par la capacité professionnelle, facteur indispensable de réussite. »

Soulignons aussi le tableau peu enchanteur de la vie du colon dans le Haut-Tonkin, telle que nous la dépeint M. l'administrateur-résident à Backan.

Il nous semble que les possibilités de colonisation agricole au Tonkin peuvent se résumer en deux mots : *Très peu d'européens ; beaucoup de capitaux et de grands espaces de terre.*

Dans la pratique, l'application de cette formule se heurtera à la rareté des terres vacantes de bonne qualité, — rareté qui s'explique par la densité de la population indigène dans les régions fertiles.

* *
*

C'est également cette population indigène qui, par son éducation relativement très avancée, par son intelligence et par ses grandes aptitudes pour le négoce, limite singulièrement le rôle de l'émigrant au point de vue commercial.

Cela résulte clairement des appréciations reproduites plus haut.

Nos correspondants sont unanimes à dire : 1° que le petit nombre des européens (sauf à Hanoï et à Haïphong) et le peu d'Annamites acheteurs de nos produits, ne permettent pas la création de maisons de détail ; 2° qu'il est extrèmement difficile de lutter contre la concurrence des négociants chinois, lesquels détiennent, en fait, le quasi-monopole du commerce du riz ; 3° que des maisons disposant de très gros capitaux et se livrant surtout à l'importation et à l'exportation auraient seules quelques chances de succès (voir la réponse de M. le maire d'Haïphong). Encore semble-t-il qu'il n'y ait pas place pour un très grand nombre de ces maisons.

Au point de vue commercial, nous devons appeler l'attention sur le projet très intéressant qu'indique M. le lieutenant-colonel commandant le 2e territoire militaire à Caobang. C'est seulement dans des entreprises de ce genre que pourraient s'engager de nouvelles activités et de nouveaux capitaux.

Si nous passons à la question minière et forestière, nous constatons qu'il existe encore au Tonkin un très petit nombre d'industries importantes, bien que les ressources de la colonie à cet égard semblent très sérieuses. L'absence de capitaux est peut-être le seul motif pour lequel ces ressources ne font encore l'objet que d'une exploitation restreinte.

En tout cas, il y a probablement de ce côté de fructueuses entreprises à organiser ; mais pour cela, il faut seulement un très petit nombre d'individus possédant des connaissances et des aptitudes spéciales ; il faut surtout un très important afflux de capitaux.

*
* *

En résumé, le problème de la mise en valeur d'une colonie de commerce et d'exploitation comme l'Indo-Chine se réduit à une question d'argent. Et cela n'a rien qui doive nous surprendre, car si les indigènes sont parvenus, après des siècles de labeur obstiné, à mettre le sol en valeur, les européens ne sauraient obtenir de résultats importants sans apporter, eux aussi, leur contribution à ce sol.

La grande différence qui existe entre l'Annamite et le colon français, c'est que le premier a incorporé à la terre des capitaux énormes sous la forme de travail physique exclusivement, tâche longue et ardue que le second est dans l'impossibilité d'entreprendre.

La contribution de l'européen à l'exploitation d'une colonie tropicale ne peut consister que dans l'apport de machines, de procédés perfectionnés, de direction intelligente et habile, et surtout de salaires pour rémunérer la main-d'œuvre qui opérera la transformation du pays.

C'est là ce que doivent bien comprendre ceux qui songent à aller mener au Tonkin la vie de colon. S'ils ne possèdent pas les qualités morales nécessaires au chef d'entreprise, s'ils n'ont pas une connaissance complète et précise des ressources et des conditions économiques de la colonie, s'ils ne sont pas parfaitement au courant des problèmes techniques qu'ils auront à résoudre, si enfin et surtout, ils n'ont pas à leur disposition de très importantes ressources pécuniaires, ils ne sont pas mûrs pour la colonisation. Qu'ils se résignent à occuper un médiocre emploi dans la métropole, car, au Tonkin, ils ne trouveraient pas cette médiocrité.

*
* *

Pourquoi coloniser, nous dira-t-on, et pourquoi avoir dépensé au Tonkin, par exemple, tant de millions et tant de vies humaines pour conquérir un pays n'offrant point de ressources aux énergies qui ne réussissent point à s'employer dans la métropole ?

Ceux qui posent de telles questions, — et ils ont été nombreux parmi les lecteurs de l'enquête du *Comité Dupleix*, oublient que les colonies françaises, non compris l'Algérie et la Tunisie, entretiennent avec la métropole un mouvement commercial qui dépasse un milliard de francs. Le résultat est assez satisfaisant si l'on songe que la mise en valeur de ces colonies date seulement de quelques années. Et qui profite de ces transactions ? Notre marine marchande, nos commerçants, nos industriels, et, par répercussion, la nation toute entière.

Faut-il aussi compter pour rien l'influence politique et le prestige que nous donnent cette expansion coloniale ? Ne sait-on pas que seules les nations de second ordre restent aujourd'hui en dehors du mouvement colonial ?

Enfin, s'il est aussi difficile de trouver une situation lucrative aux colonies que dans la métropole, cela ne tient pas seulement à la situation économique et climatérique de nos possessions, mais aussi aux médiocres qualités de ceux qui cherchent à émigrer. Par le seul fait qu'il ira habiter le Tonkin, celui qui s'est ruiné en France ne deviendra pas capable de mener intelligemment et habilement ses affaires.

Ce qu'il faut aux colonies, ce sont des chefs d'entreprise qui auraient réussi dans n'importe quel pays, ce sont des hommes possédant un caractère mieux trempé, plus d'énergie et plus d'activité qu'il n'en est besoin pour faire fortune en Europe. Il faut encore que l'épargne française soutienne ces hommes et leur fournisse les moyens de *créer*. Il faut enfin qu'une administration uniquement composée de gens intelligents et conscients de leurs devoirs et de leurs responsabilités, n'entrave point l'action de nos *entrepreneurs* par des formalités longues, coûteuses et inutiles, par des taxes trop élevées, par des obstacles apportés au recrutement de la main-d'œuvre, etc., comme cela se passe presque toujours dans nos possessions.

Ces indispensables éléments de prospérité font encore défaut à notre empire colonial. D'où les critiques qu'il mérite, lesquelles ne portent d'ailleurs aucune atteinte au principe de l'expansion extra-européenne.

Mai 1907.

TABLE DES MATIÈRES

Montdidier. — Imp. L. Carpentier